Teresa Zukic
Zwölfmal Segen für dich

TERESA ZUKIC

Zwölfmal Segen für dich

ÜBERRASCHT VON DER FREUNDSCHAFT MIT GOTT

SCM

R.Brockhaus

SCM

Stiftung Christliche Medien

SCM R.Brockhaus ist ein Imprint der SCM Verlagsgruppe, die zur Stiftung Christliche Medien gehört, einer gemeinnützigen Stiftung, die sich für die Förderung und Verbreitung christlicher Bücher, Zeitschriften, Filme und Musik einsetzt.

© 2019 SCM R.Brockhaus in der SCM Verlagsgruppe GmbH
Max-Eyth-Straße 41 · 71088 Holzgerlingen
Internet: www.scm-brockhaus.de;
E-Mail: info@scm-brockhaus.de

Die Bibelverse sind folgender Ausgabe entnommen:
Einheitsübersetzung der Heiligen Schrift, vollständig durchgesehene und überarbeitete Ausgabe
© 2016 Katholische Bibelanstalt GmbH, Stuttgart

Umschlaggestaltung: Kathrin Spiegelberg, Weil im Schönbuch
Fotos: Rahel Täubert Photography
Satz: Christoph Möller, Hattingen
Druck und Verarbeitung: GGP Media GmbH, Pößneck
Gedruckt in Deutschland
ISBN 978-3-417-26883-6
Bestell-Nr. 226.883

Inhalt

Vorwort von Nicola Vollkommer...7

Der Beginn einer wunderbaren Freundschaft.....................9

Erster Segen: Wir dürfen mit Gott handeln........................13

Zweiter Segen: Gott verlangt verrücktes Vertrauen............27

Dritter Segen: Gott versetzt uns gerne an andere Orte.......39

Vierter Segen: Gott schenkt Mut, damit wir über
uns hinauswachsen..51

Fünfter Segen: Gottes Liebe ist bedingungslos...................61

Sechster Segen: Die größte Überraschung..........................73

Siebter Segen: Lass dich berühren! 87

Achter Segen: Jesus befreit von aller Schuld......................99

Neunter Segen: Gott macht überraschende
Komplimente...109

Zehnter Segen: Wir dürfen selbst aktiv werden 121

Elfter Segen: Gott rettet aus dem Tod................................131

Zwölfter Segen: Gott macht sehend 145

Anmerkungen 157

Vorwort von Nicola Vollkommer

Falls Gott eine lustige und herzerfrischende Antwort auf eine ermüdete Christenheit gesucht hat, hat er in Schwester Teresa Zukic eine gefunden. Längst hat die quirlige katholische Schwester das Skateboard, das früher ihr Markenzeichen war, mit den vier Rädern ihres »Schwesternmobils« getauscht, mit dem sie Europa, hauptsächlich den deutschsprachigen Teil, unermüdlich durchkreuzt und weit über konfessionelle Grenzen hinweg über die Liebe ihres Lebens schwärmt: den Gott der Bibel. Ohne Entschuldigung, ohne Scheu, ohne Verlegenheit. Den Gott der Bibel, der unaufgefordert in ihr Leben platzte, als sein Buch »zufällig« oben auf einem Stapel Bücher lag, zu dem sie vor vielen Jahren als junge Sportlerin griff.

Für Schwester Teresa ist die Bibel kein trockenes Nachschlagewerk für Asketen auf der Suche nach schlauen Sprüchen. Auch keine kontroverse Polemik, an der sich theologische Streithammel ihre Köpfe zerbrechen. Sie ist für Schwester Teresa nach eigener Angabe ein »Abenteuer«, das seinen Reiz nicht verloren hat, auch 35 Jahre nachdem sie das Buch entdeckt hat. Die Bibel ist lebensverändernd, dynamisch. Das Vermächtnis eines Gottes, »der verrückt liebt«. Mit ihrem ureigenen, unwiderstehlichen Charme und mit vielen flotten Formulierungen, die auch den nüchternsten aller Leser zum Schmunzeln bringen müssen, nimmt uns die Autorin auf eine Entdeckungsreise in die Kernwahrheiten des christlichen Glaubens mit hinein. Manchmal hat man den Eindruck, dass ihr menschliche Worte fehlen für ihr Staunen, Gott entdeckt zu haben bzw. von ihm entdeckt worden zu sein. Mal muss man lachen, mal eine Träne verdrücken, mal fragt man sich kopfschüttelnd, wie Menschen jemals den Glauben langweilig finden können.

Eines kann man nicht: gleichgültig bleiben. Hier wird von einer Botschaft geschwärmt, die »erfahrbar ist für jeden, der sich darauf einlässt«. Bibelgeschichten werden lebendig und witzig nacherzählt, Bezüge zum Alltag hergestellt. Es geht da zum Beispiel um

Abraham, der ein so tiefes Gottesvertrauen hat, dass er es wagt, um das Schicksal von Sodom und Gomorra mit dem Allmächtigen zu feilschen. Oder um Naaman, der auf das Wort des Propheten hin in den dreckigen Fluss springt und von seinem Aussatz geheilt wird. Um David, der allen Prognosen der Fachleute trotzt und den Riesen erschlägt. Oder um Jeremia, der sein Volk auffordert, auch in Zeiten der Not und der Dunkelheit »der Stadt Bestes zu suchen«.

In ihren zwölf »Segensgrüßen« in zwölf Kapiteln wechseln sich biblische Begebenheiten mit persönlichen Anekdoten ab. Das ganze Buch ist durchzogen mit eigenen Gedichten der Autorin, mit Fragmenten aus ihren Musicals, mit Hinweisen zur praktischen Umsetzung ihrer vielen Impulse.

Schwester Teresas Erzählart ist neckisch, verspielt, kreativ, manchmal frech. Es ist immer ein Augenzwinkern dabei, aber nie respektlos. Alles, was sie sagt, ist von einer tiefen Gottesfurcht durchsetzt. Ihre sprudelnde Liebe für den Herrn hat mit einem weichgespülten Evangelium nichts zu tun. Im Gegenteil. Sie fordert heraus, sie stichelt.

»Für was setzen wir unser Leben ein? Um wen und was geht es im täglichen Lebenskampf?«

»Die Freiheit, die Christus geschenkt hat, ist kein Freibrief zur Sünde!«

Die Entscheidung, sich auf den Gott der Bibel einzulassen und ihm bedingungslos zu vertrauen, hat Konsequenzen. Göttliche Gnade enthält Dynamit. Sie beflügelt, verleiht Kraft und Tatendrang, eine »heitere Gelassenheit«. Dieses Buch ist ein Muss für jene Zyniker, die müde lächeln, wenn sie sich eines vergangenen Glaubens erinnern, der längst sein Feuer verloren hat. Denn: »Du wirst süchtig werden, in seiner Nähe zu sein und den Dienst zu tun, in dem ER dich gebraucht.«

Nicola Vollkommer
Reutlingen 2019

Der Beginn einer wunderbaren Freundschaft

>»… ich glaube, das ist der Beginn einer wunderbaren
Freundschaft.«
>
> *Schlusssatz aus dem Kinofilm Casablanca*

So lautet der letzte Satz des Lieblingsfilmes aus meiner Jugend-
zeit. Er begleitete mich durch die Jahrzehnte und fiel mir immer
wieder ein, wenn ich einem ganz besonderen Menschen begegnete und spürte: Hier entwickelt sich eine tiefere Freundschaft.
Ich behaupte, dass Gott nicht nur der allmächtige Schöpfer von
Himmel und Erde, sondern auch mein Freund ist. Dabei habe ich
IHN nie gesucht. ER hat mich gefunden. Und es gab noch keinen
Tag meines Lebens, an dem ich bedauert habe, von IHM gefunden worden zu sein. Als ER in mein Leben trat, endeten alle Ziele,
alle Lebenspläne, alle sportliche Zukunft. Ein Abenteuer des Ver-
trauens begann. Ein Abenteuer mit der Bibel begann.

Ich konnte nicht schlafen. Es war 2 Uhr nachts, am 14. Sep-
tember 1983. Meine Freundin hatte Bücher in mein Zimmer
gelegt. Im Sportinternat. Auch die Bibel. Ein Buch unter vielen
für mich. Ich hatte sie noch nie gelesen. Aber sie lag ganz oben
auf dem Stapel. Ich schlug sie auf und ein Satz veränderte alles.
»Selig, die rein sind im Herzen; denn sie werden Gott schau-
en« (Matthäus 5,8). Es war, als ob die Zeit für einen Moment
stillstand. Noch nie hatte ich so viel bedingungslose Liebe, so
viel Frieden, so viel Angenommensein gespürt. Wow! »Wenn
dich einer auf die rechte Wange schlägt, dann halt ihm auch die
andere hin!« (Matthäus 5,39). Nochmals wow! Wenn man so
leben könnte! Ging das überhaupt? Ich stellte mir bildlich vor,
dass jemand mich schlagen und ich antworten würde: »Na, hat
es dir Spaß gemacht? Schlag doch noch mal zu.« Was für eine

Freiheit müsste man in sich haben, so leben zu können? Keinerlei Angst vor Schmerzen zu haben? War das Macht? War das die Macht der Liebe? Das klang alles so anders. Was hatte ich hier gefunden? Wer hatte mich gefunden? Fasziniert las ich die ganze Nacht.

»Bittet und es wird euch gegeben« (Matthäus 7,7). Das würde ich ausprobieren. »Sorgt euch also nicht um morgen; denn der morgige Tag wird für sich selbst sorgen. Jeder Tag hat genug an seiner eigenen Plage« (Matthäus 6,34). Klang vielversprechend. Ich sorgte mich ständig. »Und wenn dich einer zwingen will, eine Meile mit ihm zu gehen, dann geh zwei mit ihm!« (Matthäus 5,41).

Gleich am nächsten Morgen konnte ich das in die Tat umsetzen. Meine Mitbewohnerin sagte: »Du bist dran mit Brötchenholen. Aber ich will nur diese eine Sorte.« Ich fuhr mit dem Fahrrad los zur nächstgelegenen Bäckerei. Aber ihre Lieblingssorte gab es nicht. »Müssen es wirklich diese sein?« Früher hätte ich ihr andere mitgebracht. Aber was hatte ich in der Nacht gelesen? In der dritten Bäckerei fand ich ihre geliebten Semmeln. Eine tiefe Freude erfüllte mich. »Das war ja gar nicht so schwer zu leben!«, dachte ich. Als ich später beim Basketballspiel unsportlich gefoult wurde, gab es die zweite Gelegenheit, Jesu Worte auszuprobieren. Nach dem Foul dachte ich an Revanche, aber stattdessen sagte ich: »Hab dich lieb.« War ich das? Was für eine Woge von Frieden überkam mich! Ich eilte nach Hause.

Dort nahm ich wieder die Bibel in die Hand. Ich erfuhr, wie Jesus gelebt hatte. Erfuhr, wie ER liebte. Erfuhr, wie ER brutal ermordet wurde. Dass ER auferstanden ist.

In den ersten Tagen fing ich an, Verse, die mir besonders gefielen, zu markieren. Andere, die ich nicht verstand, bekamen eine eigene Farbe, alle Sätze, die ich großartig fand, eine andere. Bald war ein bunter Farbenteppich in meiner Bibel entstanden. Ich las nicht nur die Worte. Ich versuchte sie zu leben. Und ich forderte Gott jeden Tag heraus, das wahrzumachen, was ich gelesen hatte. Manchmal legte ich ihm die Pistole auf die Brust. »Wenn das stimmt, dass wir dich bitten dürfen, was wir wollen, und du wirst es erhören, dann tue es auch.« Unglaubliches durfte ich in den ersten Tagen meines jungen Glaubenslebens erfahren. Und ich spürte schnell den Beginn einer wunderbaren Freundschaft ...

35 Jahre ist das nun her und meine Begeisterung für die Bibel hat nie nachgelassen. Die täglichen Lesungen und die persönliche Studierzeit der Heiligen Schrift im Kloster, das Studium zur Religionspädagogin, viele Bibelgespräche und Fortbildungen und das sich täglich wiederholende Stundengebet der Kirche mit der Fülle der Psalmen haben mein Herz reich gemacht an biblischen Worten, die mir immer präsent sind. Und doch finde ich immer wieder Überraschungen und Überraschendes in der Bibel. Neue Seiten von Gott und Jesus, neue Erkenntnisse, neue Tiefen. Und überall Segnungen.

Ich liebe das Evangelium. Die Briefe des heiligen Paulus. In den letzten Jahren immer mehr auch das Alte Testament. Am Anfang tat ich mich schwer damit. Man weiß ja nie, was man erwischt ... Wenn man eine Seite blindlings aufschlägt, kann es sein, dass man an eine Ahnentafel gerät und das Gefühl hat, in einem fremdsprachigen Telefonbuchregister gelandet zu sein. Oft frage ich mich, was passiert wäre, wenn ich damals im Internat die Geschichte von »Sodom und Gomorra« aufgeschlagen hätte. Wäre mir Gott dann auch begegnet? Oder hätte ich gedacht: »Was soll der Mist?«, und das Buch wieder zur Seite gelegt? Er wollte aber, dass ich die Bergpredigt aufschlage.

Nun gut, das Neue Testament ist interessant und man kommt als unerfahrener Bibelleser vielleicht noch zurecht. Da ist schließlich die »Biografie« von Jesus geschildert, alles, was ER getan und gesagt hat, die Wunder, die ER vollbracht hat, wie ER auf die Welt kam und wie ER sie dramatisch verließ und die Menschheit erlöste. Eine ausgesprochen interessante und ungewöhnliche Lebensgeschichte! Sicherlich, werden Sie denken, aber da gibt es ja noch mehr bedeutende Persönlichkeiten in der Geschichte der Religionen, die etwas vorzuweisen haben. Doch halt. Niemand vorher und nachher ist je wiedergekommen. Jesus ist zurückgekehrt von den Toten, das hat sonst niemand geschafft, und das unterscheidet IHN eindeutig von allen anderen. Das allein wäre schon lesenswert. Die Bibel bietet darüber hinaus fast auf jeder Seite Hilfe zum Leben an. Aber das Alte Testament? Kann es uns heute wirklich ein Ratgeber sein? Geschichten, die 5000 Jahre alt sind? Vor allem in unserer schnelllebigen Welt, wo uns der Nachrichtenticker jede Minute eine neue Schlagzeile liefert und der Dax sich stündlich ändert? Aber vielleicht wird das gerade die große Überraschung Ihres Lebens werden. So wie es meine Lebensüberraschung geworden ist.

Ich behaupte sogar, dass die Bibel uns nicht nur glücklich und zufrieden, sondern erfolgreich machen kann. Eines jedenfalls kann sie: Sie kann Menschen verändern. Sie weckt Vertrauen und Zuversicht. Sie macht frei und atemberaubend unabhängig. Sie zeigt den Weg zu einer Freundschaft mit Gott, die erfahrbar ist für jeden, der sich darauf einlässt.

Die Bibel ist für Sie ein Rätsel? Gut. Gerne nehme ich Sie mit. Auf die Reise, einen Gott kennenzulernen, der verrückt verliebt, menschenfreundlich, zärtlich und zugleich unberechenbar und souverän ist. Und doch ein Liebhaber des Lebens, der es liebt zu überraschen. Ich möchte Sie mit zwölf Bibelgeschichten konfrontieren, wie wir Vertrauen lernen und in den Glauben hineinwachsen können. Geschichten, wie Sie gesegnet, geheilt, ermutigt, bestätigt und herausgefordert werden. Das Leben mit Gott wird spannend und hat gewiss nichts mit Langeweile zu tun. Es könnte sogar ziemlich aufregend werden. Also möchte ich Sie warnen. Es könnte ein Abenteuer werden. Lassen Sie sich von der Bibel überraschen. Lassen Sie sich mindestens zwölfmal so richtig segnen.

Schwester Teresa Zukic

Erster Segen:

Wir dürfen mit Gott handeln

Die erste Überraschung, die ich Ihnen aus der Bibel präsentieren möchte, ist, dass wir mit Gott handeln dürfen. Ja, Sie haben richtig gehört. Wir können mit dem lieben Gott, dem Herrn des ganzen Universums, dem Schöpfer des Himmels und der Erde, etwas aushandeln. Wir dürfen IHN nicht nur preisen und als Gläubige für alles danken, was ER uns Gutes getan hat, sondern wir dürfen IHM auch mit Forderungen kommen. Wir dürfen auf gut Deutsch »deutsch« mit IHM reden. Es gibt nichts, mit dem wir nicht zu IHM kommen können. Kein Leid, kein Schmerz, keine Wut oder Ohnmacht, kein intimes oder persönliches Schicksal muss ausgeklammert werden, sondern wir dürfen IHN mit allem konfrontieren, was menschliches Denken und Fühlen ausmachen kann. Und das Unfassliche: Wir dürfen IHN sogar infrage stellen und IHM auf die Nerven gehen. Was für einen menschenfreundlichen, herrlichen Gott wir doch haben!

So steht's in der Bibel

Im 1. Buch Mose (Genesis 18,16-33) finden wir eine unerhörte Bittgeschichte. Abraham bekommt mit, dass Gott eine Stadt zerstören will: Sodom und Gomorra. Der Grund ist ihr extrem sündiges Verhalten. Die Redewendung: »Das geht hier ja zu wie in Sodom und Gomorra«, hat hier ihren Ursprung. Abraham ist sehr aufgebracht und beginnt, mit Gott zu sprechen. Er diskutiert sogar mit IHM:

»Willst du wirklich Unschuldige töten? Vielleicht finden sich ja 50 Leute, die gerecht sind. Es wäre doch unrecht! Gott, das wäre doch unfair!«

Und Gott sagt: »Stimmt, Abraham, du hast recht, vielen Dank für den Hinweis! Okay, wenn ich 50 Gerechte finde, zerstöre ich die Stadt nicht.«

Statt zufrieden zu sein, macht Abraham weiter. Natürlich ist ihm bewusst, dass er mit Gott spricht. Aber er spürt, dass da was geht, und fängt an zu feilschen: »Was ist, wenn es nur 45 Gerechte sind?« Stück für Stück tastet er sich vor. Erst langsam, in Fünferschritten, und dann in Zehnerschritten. 40, 30, 20, und dann handelt er *Gott* tatsächlich auf zehn Leute herunter. Wahnsinn! Und Gott lässt sich auf den Handel ein:

»Gut, auch wenn es nur zehn sind, verschone ich die Stadt.«

Leider ging die Sache trotzdem nicht gut aus, denn man fand nicht einmal zehn Gerechte. Aber die Tatsache, dass ER sich darauf eingelassen hat, fasziniert mich. Als ich den Text zum ersten Mal las, musste ich an meine Kindheit denken. Wenn mein Bruder etwas angestellt hatte, mussten wir beide ins Bett. Echt unfair. Abraham traut sich, Gott direkt auf ein Unrecht anzusprechen, auch wenn ihm zwischenzeitlich mulmig wird: »Mein Herr, zürne nicht, wenn ich weiterrede« (Genesis 18,30). Er traut sich, denn dieser Gott ist ihm vertraut. Gleichzeitig vergisst Abraham keinen Augenblick, wer er ist, dass er nur »Staub und Asche« ist (Genesis 18,27).

Dieser Gott begeistert mich, und einmal auf der Spur, fand ich viele Stellen in der Bibel, wo Menschen sich

Er traut sich, denn dieser Gott ist ihm vertraut.

trauen, mit Gott und Jesus zu handeln, IHM sogar zu widersprechen. Die Psalmen sind voll davon. »Führe doch mein Leben heraus aus dem Kerker, damit ich deinen Namen preise« (Psalm 142,8). Ganz klar, Gott! Du führst mich heraus und ich preise dich dafür. Genauso wie der Beter vertraut: »Ich rufe: Der Herr sei hoch gelobt! und ich werde vor meinen Feinden gerettet« (Psalm 18,4). Super! Dann weißt du ja, Gott, was zu tun ist, wenn du von mir gelobt werden willst. Ebenso im Psalm 106,47: »Rette uns, Herr, unser Gott, und sammle uns aus den Völkern, damit wir deinem heiligen Namen danken und uns in deinem Lobpreis rühmen!« Oder als Jakob mit Gott kämpft und sich an IHN klammert, bis ER ihn segnet. »Ich lasse dich nicht los, wenn du mich nicht segnest« (Genesis 32,27).

Die wohl beeindruckendste Stelle für mich im Neuen Testament steht im Matthäusevangelium (Matthäus 15,21-28). Eine heidnische Frau kommt zu Jesus und bittet IHN um Erbarmen für ihre Tochter, die krank ist. Ihr ist klar, dass sie IHN belästigt, sie ist in seinen Augen eine Ungläubige und wahrscheinlich hätte sich kein anderer Rabbiner auch nur nach ihr umgedreht. Jesus schweigt und gibt ihr erst einmal keine Antwort. Seine Jünger sind sogar von ihr genervt und wollen, dass Jesus sie wegschickt, denn sie schreit immer lauter hinter ihnen her. Das kann ich total nachvollziehen – ist ja wirklich lästig. Nur eine Mutter vergisst alle Regeln, wenn es um ihr Kind geht. Jesus ist vielleicht der letzte Strohhalm eines gequälten Lebens, an den sie sich klammert.

Und unser lieber Jesus? ER weist die Frau unglaublich schroff ab. ER sei nur »zu den verlorenen Schafen des Hauses Israel gesandt«, und noch schlimmer setzt ER einen drauf: »Es ist nicht recht, das Brot den Kindern wegzunehmen und den kleinen Hunden vorzuwerfen.«

Die Frau fällt vor Jesus nieder, aber sie pariert großartig und sehr klug. Sie gibt dem Mann erst einmal recht: »Ja, Herr! Aber selbst die kleinen Hunde essen von den Brotkrumen, die vom Tisch ihrer Herren fallen.« Und da lässt sich Jesus umstimmen: »Frau, dein Glaube ist groß.« ER heilt das Kind. Jesus sieht ihren großen Glauben und lernt von einer »Ungläubigen«.

Einfach wunderbar. Den Mutigen gehört die Welt! Die Frau und Abraham trauen sich, den Mund aufzumachen. Sie übernehmen Verantwortung, obwohl es gar nicht um sie selbst geht. Sie bitten um Hilfe für andere. Sie trauen sich, mit Gott und Jesus zu sprechen. Sie trauen sich sogar, dem Vater und dem Sohn zu *wider*sprechen und um Gnade für andere zu bitten. Hier findet echter Dialog statt und Menschen können den »Himmel« zum Umdenken und Handeln bewegen. Wann sprechen Sie mit Gott, wann wenden Sie sich an IHN?

Vier Wochen

Meistens erhöhen wir Menschen unsere Gebetsfrequenz ja erst dann, wenn etwas in unserem Leben schiefgeht, eine Krankheit oder OP droht oder wir in Schwierigkeiten stecken. Wenn uns das »Wasser bis zum Hals steht« oder wir spüren, dass wir mit unseren menschlichen Ratschlägen an Grenzen kommen oder mit unserem Latein am Ende sind. Leider erinnern sich Menschen oft erst dann daran, dass es ja noch jemanden Größeren und Mächtigeren gibt, dem sie sich anvertrauen können.

Es ist schon interessant, wie viel Zeit wir mit unseren Freunden und Bekannten verbringen. Am meisten wohl mit den Ehepartnern oder – in meinem Fall – den Mitschwestern. Aber die Ewigkeit werden wir mit unserem Gott verbringen. Und komisch, dass wir mit IHM, mit dem wir wohl am längsten zu tun haben werden, noch so wenig ins Gespräch kommen.

Bei meinen Vorträgen zu diesem Thema biete ich an dieser Stelle den Zuhörern eine Wette an. »Wenn Sie vier Wochen lang jeden Tag mit Gott ins Gespräch kommen, verspreche ich Ihnen, dass ER sich Ihnen zeigen wird. Mein Wetteinsatz ist meine Berufung.«

Zum Glück hat mich mein lieber Gott noch nie im Stich gelassen. ER hat sich den Menschen gezeigt und geantwortet, und das auf manchmal lustige oder herzzerreißende Weise. Als kleines Zeichen bekommen diejenigen, die sich melden und sich auf das Experiment einlassen, ein »Schokoladen-Überraschungsei« als Erinnerung von mir geschenkt.

Unvergessen bleibt mir ein Erlebnis beim Jahrestreffen eines ganz hervorragenden Unternehmens. Schon bei der ersten Einladung in Nürnberg war nicht nur die Location, sondern auch die Begrüßung des Chefs ein besonderes Event. Er sprang vor mir auf die Bühne und sagte: »Wenn Sie diese Frau hören, werden Sie das acht Jahre nicht vergessen«. Ich musste damals herzlich lachen. Aber als er mich nach ein paar Jahren wieder buchte, war ich diejenige, die völlig überrascht war. Er lud mich erneut zu seinen Mitarbeitern ein, aber diesmal auf 2962 Meter Höhe, auf die Zugspitze. Ich hielt dort den Vortrag von den »Sieben Überraschungen aus der Bibel, um erfolgreich zu sein«, auf dem dieses Buch basiert.

Direkt beim ersten Punkt, dass wir mit Gott handeln dürfen, meldete sich ein Mann und wollte die nächsten vier Wochen mit Gott ins Gespräch kommen. Natürlich bekam er das erste Schokoladen-Überraschungsei von mir. Eine Woche später schrieb mir sein Sohn, der auch dabei gewesen war, eine Nachricht auf Facebook. »Liebe Schwester Teresa, Sie werden es nicht glauben. Na ja, doch, Sie werden es glauben. Sie haben uns damals gesagt, dass sich nach vier Wochen etwas tun wird, aber ich glaube, Gott hat schon nach einer Woche etwas bewirkt. Ich halte Sie auf dem Laufenden.«

Ich freute mich unglaublich und dankte Gott. Kurz vor dem Ende der vier Wochen meldete sich der junge Mann ganz aufgeregt: »Es ist etwas passiert, liebe Schwester! Mein Vater hat jeden Abend das Überraschungsei am Nachtkästchen liegen, er nimmt es in die Hand und spricht mit Gott. Aber unser jüngstes Geschwisterchen hat das Ei entdeckt und die Schokolade gegessen. Ob das jetzt immer noch hilft?«

Ich musste laut lachen und schrieb ihm zurück: »Keine Sorge, die Schokolade ist dabei ganz unwichtig, es kommt nur auf das Gebet an.« Was war das für ein zauberhafter Moment! Gott hat etwas bewirkt und ein Überraschungsei half dabei, sich täglich zu erinnern, mit IHM in ein vertrauensvolles Gespräch zu kommen. Auch jetzt noch, wenn ich darüber nachdenke, lächle ich zärtlich meinem Gott zu: »Du bist so unglaublich großartig, lieber Gott.« Jahre später erfuhr ich, dass der Mann es geschafft hatte, sich mit einem Menschen zu versöhnen – angeregt durch das Gebet. Wie wunderbar!

Dramatischer war eine andere Rückmeldung, die ich im letzten Frühjahr erhielt. Eine junge Frau hatte sich für das Experiment gemeldet und sich während des Vortrages das Ei bei mir abgeholt. Sie strahlte über das ganze Gesicht. Kurze Zeit später schrieb sie mir eine E-Mail, die mich erschütterte:

»… Ich war vor über vier Wochen bei Ihrem Vortrag … Von Minute eins an war ich fasziniert von Ihnen. Sie sprachen mir aus der Seele und ich habe mich so geborgen bei Ihren Worten gefühlt. Ich nahm meinen Mut zusammen und nahm ein Überraschungsei von Ihnen entgegen. Vier Wochen lang habe ich jeden Tag mit Gott gesprochen. Erst musste ich jeden Tag darauf achten, dass ich es auch nicht vergesse, aber nach kurzer Zeit brauchte ich das Gespräch mit IHM. ER war da, egal wo ich hinging. Ich hatte das Gefühl, dass ich IHN manchmal spürte. In einem Lächeln von anderen Menschen oder dem Handeln eines Kindes. Ich war sehr gespannt, da Sie meinten, nach vier Wochen würde ER sich zeigen.

Und dann war es so weit. Am Donnerstag, den 22.3., kam eine Nachricht, die direkter und schmerzvoller nicht sein konnte. Mein geliebter Freund, mein Ein und Alles, hat mich betrogen. Ich habe es herausgefunden und es stimmt. Mein Freund hat mir mein Leben genommen. Seither lebe ich bei meinen Eltern. So wundervolle Menschen, die mir Gott gegeben hat. Sie sind immer da, zu jeder Zeit, und kämpfen um jeden Moment, in dem ich nicht so sehr weinen muss. Es tut so weh. Liebe Schwester Teresa, ich danke Ihnen, dass Sie in mein Leben getreten sind. Doch wieso hat das Leben so etwas Schlimmes für mich?«

Ich schrieb ihr natürlich sofort zurück und versuchte ihr nahe zu sein. Auch mir zerriss es das Herz. Gott hatte sich ihr tatsächlich gezeigt und sie vor einem ganz großen Fehler bewahrt. Wie enttäuschend das gewesen sein musste. Ihre Freude und Begeisterung, Gott im täglichen Leben zu spüren, waren

Sich auf Gott einlassen bedeutet, dass Gott sich auf unser Leben einlässt.

so groß gewesen. Ich hatte ein Happy End am Ende der E-Mail erwartet. Aber dann das? Sie deutete es dennoch als Antwort Gottes. Wie hätte Gott sie nicht bewahren sollen? Gott ist die Wahrheit und ER sagt die Wahrheit. Sich auf Gott einlassen bedeutet, dass Gott sich auf unser Leben einlässt. ER lässt niemanden in sein Unglück laufen, der sich IHM anvertraut. Der IHN nach dem Weg fragt. Wo Gott ist, wird alles in Wahrheit und Heiligkeit getaucht. Aber weil ER uns die große Gnade der Freiheit geschenkt hat und sie zutiefst respektiert, kann ER sich erst dann in unser Leben einmischen, wenn wir IHM das erlauben. Gott ist ein Gentleman. ER drängt sich nicht auf und bedrängt niemanden. ER will, dass wir IHM freiwillig folgen. ER will unser Freund sein, ER sehnt sich danach, aber niemals um den Preis, dass ER unsere Zuwendung erzwingt. ER wartet vor unserer Herzenstür, wartet manchmal Jahrzehnte und hat eine unendliche Geduld.

Gott als Freund haben

Gott als Freund zu haben, heißt, IHN zu kennen. Heißt, sich auf IHN einzulassen. Auf die göttliche Heiligkeit und Wahrheit, Freiheit und Liebe. IHN ins eigene Leben einzuladen bedeutet, IHM zu erlauben, dabei zu sein. Vertraut mit uns zu werden. Heißt, sich IHM anzuvertrauen und dann die Wunder SEINER Nähe, SEINES Trostes zu erfahren. In SEINER Gegenwart beginnt man anders zu denken, zu reden, zu fühlen. Aber gleichzeitig spürt man deutlicher sein eigenes Unvermögen, alle Empfindlichkeiten, Schwäche und alles Unheil.

Ich weiß, wie peinlich und komisch es ist, mit dem großen, unbekannten Gott ein Gespräch anzufangen. Ich hatte Beten nie gelernt. Ich war nie zuvor in einer Kirche gewesen. Ich hatte keinen Religionsunterricht gehabt. Ich kannte weder das Kreuzzeichen noch irgendein Gebet oder Ritual. Doch ich tat einfach das, was ich in der Bergpredigt gelesen hatte. »Du aber, wenn du betest, geh in deine Kammer, schließ die Tür zu; dann bete zu deinem Vater, der im Verborgenen ist!« (Matthäus 6,6). Und genauso tat ich es. Ich verschloss meine Zimmertür. Ich kniete nieder. Und dann saß ich da. Wie sollte ich Gott ansprechen? Wenn ER Gott war, wusste ER ja eigentlich, dass ich nun so weit war und mit IHM reden wollte. ER wusste alles und sah alles. »Hallo, bist du da?«, fragte ich zaghaft. Nichts. »Soll ich erst oder du?« Ich verkniff mir ein Lachen. »Okay, das mit dem Beten klappt noch nicht«, dachte ich für mich. Ich starrte in das Dunkel des Zimmers. Ich überlegte. Auf einmal formten sich Worte in meinem Innern.

>»Ich hielt die Wacht,
> die ganze Nacht.
> Hab dich gesehen,
> im Dunkeln stehen.
> Du warst so nah.
> Bist immer da!«

Für mich war es mein erstes Gebet. Ich fing an, IHN Vater zu nennen. Ich dankte IHM. Ich nahm die Bibel zur Hilfe. Ich schwieg. Ich hielt die Stille aus. Und dann las ich es. Wie dumm ich doch war! Jesus hatte doch den Menschen hinterlassen, wie sie beten sollten. Ein einziges Gebet hatte ER hinterlassen. Das Vaterunser. Und wir sollten es so bewusst beten, dass wir nie in Gefahr kämen, es herunterzuplappern. Und das tat ich. Von einem Vaterunser zum nächsten Vaterunser wurde dieser fremde Gott mir vertrauter und vertrauter. ER kam mir näher und ich wurde hörender und wachsamer.

Dieses Gebet damals war ein Ereignis. Ein Höhepunkt. Danach war es ganz leicht, mit IHM zu sprechen. Ich war hinterher immer erfrischt. Wie oft ich das wiederholte. Mein kleines, nächtliches Gespräch. Bis heute liebe ich es, mir in der Nacht seiner Gegenwart bewusst zu sein. Zu beten. Wie damals, als ER mir zum ersten Mal begegnete.

Es gab keinen Ort und kein Örtchen, wo ER nicht dabei war.

Doch dann kam der Moment, als ER aus meinem Zimmer trat. Mit mir ging. In die Schule. Zum Training. Und ich schließlich begriff: ER war immer und überall da und ich konnte überall mit IHM sprechen. Ich atmete IHN sogar. Ein und aus. Ja klar! Denn wenn Gott überall war, dann war ER auch in meiner Lunge. ER war vor meinen Augen. ER war hinter mir, unter mir und über mir. Meine Güte, ER musste sogar in mir sein. Es gab keinen Ort und kein Örtchen, wo ER nicht dabei war.

Wow! Diese Erkenntnis explodierte in mir. Ich konnte mitten am Tag einfach ausflippen, wenn ich mir vorstellte, dass ER jetzt genau in diesem Moment bei mir war. Nein, es war überhaupt nicht unangenehm. Wie gut, dass Gott unsichtbar war und man IHN nicht sehen konnte. So konnte ER überall hineinkriechen und gleichzeitig bei jedem Menschen sein. Von da an nahm ich meinen guten Gott immer mit. Wohin ich ging, wohin ich reiste, wohin ich unterwegs war. ER war das Selbstverständlichste und zugleich Aufregendste in meinem Leben. In jedem Augenblick. Bis heute. Und auch jetzt. Für mich ist Beten das Normalste der Welt und wie freute ich mich, als ich von meiner Namenspatronin, der heiligen Teresa von Avila, las: »Beten heißt, ganz bei der Sache zu sein.« Ob beim Waschmaschinebefüllen, Kochen oder in der Schule.

Einfach loslegen

Seien Sie ganz bei der Sache. Dazu müssen Sie nicht in einer Kirche sitzen. Man kann dort sogar Stunden zubringen, aber Gott nicht begegnen, weil man mit den Gedanken ganz woanders ist. Ein Freund hört Ihnen zu. Gott hört immer zu. Und ER antwortet. Wie ER das in Ihrem Leben tut, ist anders als in meinem. ER kann durch jeden Menschen, der uns begegnet, zu uns sprechen. Durch jedes Ereignis. Durch einen kleinen, plötzlichen Gedanken.

Wir dürfen mit IHM diskutieren. Wir dürfen auch mit IHM handeln, wenn wir der Meinung sind, dass da etwas in unserem Leben nicht fair gelaufen ist, oder stellvertretend für jemanden anderen etwas erbitten wie Abraham. ER wird auch Ihnen antworten. ER wird sich Ihnen zeigen. Ihnen begegnen. Davon bin ich überzeugt.

Wollen Sie es ausprobieren? Legen Sie das Buch zur Seite. Schalten Sie Ihr Handy auf lautlos. Setzen Sie sich bequem hin. Schließen Sie Ihre Augen. Stellen Sie sich vor, ER sitzt Ihnen gegenüber. Bitten Sie IHN, da zu sein. Bitten Sie IHN, Ihnen nahzukommen. Erlauben Sie IHM, in Ihr Leben zu kommen. In Ihre Gedanken. Ihren Kummer. Ihre Freuden. In Ihren Körper. In Ihre Familie. Werden Sie warm mit IHM. Sprechen Sie wie mit einem Freund. Vielleicht wird ER einmal Ihr bester Freund werden. ER wird Sie niemals enttäuschen.

Ich sage Ihnen gleich, dass es etwas dauern wird. Werden Sie vertraut mit der Stimme, die beginnt, in Ihrem Herzen mit Ihnen zu reden. Danken Sie für das Gute in Ihrem Leben. Vielleicht finden Sie etwas – sogar mit Sicherheit. Im Kummer sehen wir meistens nur das, was wir nicht haben. Aber in jedem Leben gibt es auch gute Aspekte. Beten Sie das Vaterunser, wenn Sie sich schwertun, Worte zu finden. Fühlen Sie dem Gesagten nach. Lassen Sie den Regen der Güte und Zärtlichkeit über sich ergießen. Erlauben Sie IHM, Sie zu lieben. Keine Angst. ER erwartet nichts von Ihnen. ER liebt Sie und liebte Sie vom ersten Augenblick Ihrer Entstehung. Sie müssen IHM gar nichts beweisen.

Vielleicht sind Sie wütend auf IHN. Dann seien Sie das. Sagen Sie IHM ins Gesicht, was Ihnen nicht passt. Das kürzeste Gebet heißt: »Komm, Heiliger Geist.« Es ist mein Lieblingsgebet. »Komm, Heiliger Geist, in die Freude und den Albtraum meines Lebens. Ich erlaube es dir.« Atmen Sie durch. Hören Sie auf die Stille. Wollen Sie weitermachen? Sie bekommen ein Überraschungsei von mir. Versprochen.

DU bist gewaltig groß.
Unendlich weit.
Unbeschreiblich mächtig.
Bist nah und fern.
Und doch auffindbar.
Stellst DICH nicht taub.
Bist nicht stur.
Nie eingeschnappt.
Kein Spielverderber.
DU nimmst es uns nicht krumm,
wenn wir mit DIR handeln.
DICH infrage stellen.
DICH verantwortlich machen.
DIR jede Gemeinheit unterstellen,
weil wir das »Warum des Leidens«,
das überall auf uns lauert,
nicht erklären können.

DU bist anders.
Erreichbar.
Geduldig.
Liebend.
DU bist da.
Gott.
Bitte zeige
DICH mir.

Vielleicht liegt Ihnen schon lange etwas auf dem Herzen, das Sie loswerden möchten. Sie finden manches unfair, ungerecht und eigentlich würden Sie mit Gott am liebsten Tacheles reden. Vielleicht sehnen Sie sich aber auch nach einem göttlichen Wort oder Zeichen. Sie dürfen Gott damit in den Ohren liegen. Sie dürfen Gott nerven. Sie dürfen aber auch nach dem Wunder-baren SEINER Gegenwart dürsten und IHN auf die Probe stellen.

ER wird kommen. Fangen Sie an, mit IHM zu sprechen. Regelmäßig, vier Wochen lang. Ich bin überzeugt, dass ER sich Ihnen zeigen wird.

Zweiter Segen:

Gott verlangt verrücktes Vertrauen

Gott verlangt verrücktes Vertrauen – so mein zweiter Segen, die zweite Überraschung, die ich in der Bibel fand. Eine Beziehung ohne Vertrauen kann man schwerlich Beziehung nennen. Liebe, Treue, Vertrauen gehören zusammen. Es bedeutet: überzeugt sein, der andere meint es gut mit mir. Sich auf den anderen zu 100 Prozent verlassen können. Sich gegenseitig, unbegrenzt, unerschütterlich, blind zu vertrauen, ist das größte Geschenk, das wir einander machen können. Es ist ein tägliches Fest im Leben eines jeden Menschen, wenn er Vertrauen spürt, Vertrauen genießt oder ins Vertrauen gezogen wird. Das lässt ihn über sich hinauswachsen.

Ja, ja, ich weiß: »Vertrauen ist gut, Kontrolle ist besser.« In manchen Fällen ist das sicher berechtigt. Aber wie oft verkümmert eine Beziehung, weil das Vertrauen enttäuscht und zu viel kontrolliert wird? Wenn Vertrauen missbraucht wird oder zerbrochen ist, scheitert ganz schnell jede Beziehung. Wer zu oft enttäuscht wurde, wird misstrauisch, und es braucht lange, sich auf eine neue Freundschaft einzulassen.

Ich glaube, dass Gott uns bedingungslos vertraut und uns gleichzeitig verrücktes oder »ungewöhnliches« Vertrauen abverlangt. Denn auch Glauben ohne Vertrauen ist undenkbar.

So steht's in der Bibel

Im 2. Buch der Könige, Kapitel 5 lesen wir von einer spektakulären Heilung. Da wird berichtet, wie ein Mann etwas Verrücktes tun muss, um gesund zu werden. Naaman, ein siegreicher Feldherr des Königs, leidet unter einer Hautkrankheit. Er ist an einem Aussatz erkrankt. Eine Sklavin gibt ihm den Tipp, dass es einen Propheten in Israel gebe, der ihm helfen könne. Das will Naaman ausprobieren. Der König schreibt sogar ein Empfehlungsschreiben, dass man doch seinen Feldherrn heilen lassen soll.

Naaman macht sich also auf den Weg, nimmt Gold und Silber mit und hält vor dem Haus des empfohlenen Propheten namens Elischa. Ein gewaltiges Spektakel mit Pferd und Wagen, wie man sich vorstellen kann. Der Feldherr erhofft sich Hilfe vom Propheten. Doch Elischa kommt nicht mal zur Begrüßung heraus. In der damaligen Kultur ein Hammer. Stattdessen schickt er ihm seinen Boten, der dem sichtlich Gekränkten ausrichten soll, dass er zum Jordan gehen möge und sich dort siebenmal waschen soll. Dass Naaman ausflippt, kann ich verstehen. Da ist er tagelang nach Israel gereist und soll nun mit seiner Hautkrankheit in die »Brühe« Jordan tauchen. Da hätte er auch zu Hause bleiben können. Gibt es in Damaskus nicht die besten Ärzte und das reinste Gewässer? Zornig will er weggehen, aber der Diener geht ihm nach. »Wenn der Prophet etwas Schweres oder Unmögliches verlangt hätte, könnte ich deine Reaktion verstehen, dass du ungehalten bist. Aber er verlangt doch nur etwas ganz Einfaches!«

Es kostet sicher etwas von seinem Stolz, aber er geht zum Jordan. Wenn er schon mal hier ist! Natürlich werden alle anderen gaffen. Er beginnt unterzutauchen. Einmal. Zweimal. Dreimal. Wieso siebenmal, frage ich mich? Wieso nicht nur dreimal? So etwas Verrücktes! Gott könnte ihn doch wohl schon nach dem dritten Mal heilen?! Wieso soll er siebenmal in den Jordan dippen? Aber als er das siebte Mal auftaucht, hat er eine Haut wie einen Babypopo! Sie ist gesund und er ist rein.

Komplett unlogisch, völlig irrational – ich finde es großartig! Obwohl Naaman verärgert ist, vertraut er den Worten des Propheten Elischa. Und er tut, was man ihm ausrichten ließ. Ich nenne es verrückt schön. Gott kann Unglaubliches tun oder sogar Leben retten. Und manchmal sind verrückte Dinge notwendig, damit wir im Vertrauen wachsen. SEINER Kreativität sind keine Grenzen gesetzt. Nur ER kann auf solche Ideen kommen, so wie Verliebte sich manchmal ungewöhnliche Zeichen der Liebe einfallen lassen. »Nichts fördert die Kreativität mehr als die Liebe, vorausgesetzt sie ist echt«, wusste schon Erich Fromm.[1] Oder wie Augustinus sagt: »Liebe und tue, was du willst.« Schön, wenn wir mal wegrücken von den Bildern und einbetonierten Vorstellungen, wie Gott sein müsste.

Gott ist nicht müde

Manchmal habe ich den Eindruck, dass wir Gott nichts mehr zutrauen. Auch in unserer Kirche. Sie wird immer leerer und eine unerträgliche Müdigkeit herrscht mancherorts.

Nur weil wir vielleicht müde geworden sind, heißt das nicht, dass Gott müde wäre. ER ist Gott. ER wird nicht müde. ER ist nie untätig. ER hockt nicht wie ein Holzklotz herum und jammert, dass bei SEINEN Christen nichts los ist. ER ist immer schöpferisch tätig und kreativ und inspirierend und lebendig und aufregend froh machend. Und ER bewegt.

Auch heute noch. Vorausgesetzt, wir lassen uns auf SEINE Liebesgeschichte ein. Wir vertrauen IHM, dass ER auf krummen Zeilen gerade schreiben kann. Dass es für IHN keine Hoffnungslosigkeit gibt. ER greift auch heute noch ein.

> Gott hockt nicht wie ein Holzklotz herum und jammert, dass bei SEINEN Christen nichts los ist.

An dieser Stelle erzähle ich gerne in meinem Vortrag eine sehr bemerkenswerte Geschichte, die tatsächlich vor einigen Jahren passiert ist. Für mich mit die beeindruckendste überhaupt, und ich wiederhole sie an dieser Stelle gerne.

Eine Frau besuchte einen Gottesdienst in ihrer Gemeinde. Es ging in der Predigt darum, Gottes Stimme besser zu hören, IHM zu vertrauen und gehorsam zu sein. Das wünschte sie sich schon länger. Wie oft hatte sie Gott schon »alles Mögliche« versprochen, aber so richtig ernsthaft IHM restlos vertrauen zu wollen – das hatte sie noch nie. Das tat sie nun. Nach der Veranstaltung fuhr sie in ein großes Einkaufszentrum mit vielen Geschäften und Stockwerken, um für das Wochenende einzukaufen. Als sie gerade vor dem Gemüse stand, sprach der Heilige Geist, eine innere Stimme, zu ihr: »Geh zur Mitte des Einkaufszentrums, mach einen Kopfstand und schreie laut!« Sie dachte: »Das kann doch nicht wahr sein. Gott, bist du das wirklich? Ich kann doch hier keinen Handstand machen. Und wenn ich dann auch noch laut schreie, mache ich mich vollends lächerlich.«

Sie ging weiter ihren Einkäufen nach und besuchte noch andere Geschäfte. Aber der Heilige Geist ließ nicht locker. Immer wieder drängte ER sie dazu, an die Stelle im Einkaufszentrum zu gehen und dort einen Handstand zu machen. Einige Male kam die junge Frau dort vorbei, aber lange traute sie sich nicht.

Doch schließlich gab sie dem Drängen des Heiligen Geistes nach. Als sie sich unbeobachtet fühlte, versuchte sie einen Handstand und ließ einen Schrei los. Sie wollte schnell im nächsten Geschäft verschwinden, als sie plötzlich ein lautes Schluchzen hörte. Es kam von der Galerie über ihr. Dort erblickte sie eine andere junge Frau. Sie fuhr mit der Rolltreppe zu ihr nach oben.

»Warum haben Sie das gemacht?«, fragte die sichtlich bewegte Frau.

Natürlich konnte und wollte sie das nicht einfach so erklären. Deswegen entschuldigte sie sich: »Verzeihen Sie, das ist normalerweise nicht meine Art, so rumzuschreien.«

Da erzählte die weinende Frau, dass sie gerade hier gestanden und zu Gott gebetet hatte: »Gott, wenn es dich gibt, dann lass eine Frau da unten einen Handstand machen und laut schreien … dann nehme ich mir nicht das Leben.« Wenn das wirklich passieren sollte, würde sie bereit sein, sich von ihrer Verzweiflungstat abbringen zu lassen. Beide Frauen waren tief beeindruckt von Gottes Gnade und Barmherzigkeit und umarmten sich.

Manchmal müssen wir verrücke Dinge tun! Aber sie können, wie in diesem Fall, ein Leben retten. Gott kann das bewirken. Auch wenn wir uns selbst dabei lächerlich vorkommen und die Idee als Hirngespinst abtun.

Es ist interessant, die Reaktionen meiner Zuhörer zu beobachten. Bis zu dieser Stelle lachen die meisten auf. »Wenn es dich gibt, Gott! Dann lass eine Frau einen Handstand machen und laut schreien …« Gelächter. Aber bei »… dann nehme ich mir nicht das Leben« verstummt der Saal betroffen. Oftmals kullern Tränen.

Ist das nicht eine »verrückt schöne« Geschichte, wo jemand Gott und SEINEM Reden vertraut hat? Haben wir nicht einen wunderbaren Gott?

Verrückt schön

Schon oft habe ich mir anhören müssen: »Du bist ja verrückt! Was hast du dir da wieder einfallen lassen?« Ich gebe es zu. Es stimmt. Ich lasse mir einiges einfallen, um andere zu beschenken und zu überraschen. Manchmal gehe ich auch an meine körperliche Grenze, wenn ich Gäste bekoche oder ihnen eine Freude machen möchte. Da ist mir nichts zu schwer, zu aufwendig, zu lang, zu teuer. Oder wenn ich lange Wege auf mich nehme, um alle Vortragsanfragen zu erfüllen. »Wenn es klingelt, ist es der liebe Gott«, pflege ich zu sagen, und wenn ER ruft, dann muss ich mich auf den Weg machen.

Eine bestimmte Einladung vor einigen Jahren werde ich jedoch nie vergessen. Ein evangelischer Pfarrer rief an, ob ich an Christi Himmelfahrt zu ihrem Jubiläum kommen und predigen könne. Es sei ein besonderer Gottesdienst im Freien an einem See. Nur: Dieser See war 500 km von uns entfernt, genauer gesagt in Nordrhein-Westfalen an der Grenze zu Niedersachsen.

Sie hatten mich auf Bibel TV gesehen und wollten mich nun unbedingt haben. Mein Routenplaner ist meistens am PC geöffnet, wenn ich am Schreibtisch sitze, also schaute ich gleich nach. Das wären 1000 km Fahrt an einem Tag für mich, denn am darauffolgenden Tag hatte ich Schule. Die konnte ich wirklich nicht ausfallen lassen.

»Finden Sie keinen anderen in Ihrer Nähe?«, fragte ich hoffnungsvoll. Für eine Predigt an einem Tag so weit zu fahren, schien mir nicht nur anstrengend, sondern auch verrückt. Wie früh

Wenn ER ruft, dann muss ich mich auf den Weg machen.

würde ich da starten müssen? Doch der Pfarrer ließ nicht locker und ich sagte letztlich zu. Meine wunderbare Mitschwester Claudia willigte sofort ein, mich zu begleiten und zu fahren. Damals ahnte ich noch nicht, dass ich acht Jahre später fast eine halbe Million Kilometer selbst am Steuer verbracht haben würde.

Wie erwartet mussten wir sehr früh aufbrechen, um die Distanz bis zum Gottesdienstbeginn pünktlich zu schaffen. Doch wir waren rechtzeitig da. Nach fast fünf Stunden freute ich mich auf einen Kaffee und den Ort für »kleine Nonnen«. Hunderte Gottesdienstbesucher, Blaskapelle, großer Chor und ein liebenswerter Pfarrer, der uns freudig begrüßte. Danach war er mit organisatorischen Dingen beschäftigt und im Gelände verschwunden. So fragten wir uns selbst zum Örtchen und zu einem Kaffee durch. Das Örtchen fanden wir. Kaffee nicht. Der Techniker kam und wollte die letzten Absprachen treffen, aber was er da vorschlug, schockierte mich. Sie hatten ein Mikrofon in einem kleinen Boot mitten auf dem See eingerichtet und ich sollte zur Predigt in dieses Bötchen steigen.

Wir Schwestern schauten uns entsetzt an und ich sagte: »Auf keinen Fall. Ich bleibe an Land. Jesus kann im Boot predigen, ich nicht.« Doch das sollte erst der Anfang sein. Man setzte mich in die erste Reihe, damit ich den Chor besser sehen konnte, was mir natürlich gut gefiel. Leitete ich doch selbst viele Chöre und hatte mehrere Musicals komponiert. Allerdings saß ich während des ganzen Gottesdienstes über zweieinhalb Stunden in der prallen Sonne. Am Chor lag es sicher nicht, dass mir irgendwann flau im Magen wurde, denn er war großartig. Ein Liedblatt vor meinem Kopf haltend, versuchte ich mich zu schützen, um mir nicht restlos »blanchiert« vorzukommen. Als ich zur Predigt auf das Pult hochstieg, war mir einfach nur noch übel. Ich glaube, so schlecht war mir noch nie bei einer Veranstaltung. Doch Gott half mir, denn meine Übelkeit ließ sofort nach, nachdem ich angefangen hatte.

In der Menge der GottesdienstbesucherInnen fiel mir ganz hinten ein Mann mit längeren Haaren auf und ich musste immer wieder in seine Blickrichtung schauen. Nach dem Gottesdienst, der sehr bewegend, würdig und froh machend war, kamen viele liebe Besucher und bedankten sich bei mir für die Predigt. Plötzlich stand der Mann mit dem langen Haar vor mir. »Liebe Schwester Teresa, ich gehöre hier nicht dazu. Ich weiß gar nicht recht, wie ich hier gelandet bin, war einfach spazieren. Ich muss Ihnen sagen, wie sehr Sie mich berührt haben. Danke schön. Und ich möchte Ihnen etwas anvertrauen. Ich bin Unternehmer und wollte morgen früh etwas ganz Böses tun. Ich wollte fünf Leute bei mir entlassen. Aber nach Ihrer Predigt tue ich es nicht mehr.«

Und weg war er. Meine Güte. Jetzt wusste ich, warum ich an diesen Ort mitten im Nirgendwo hatte kommen müssen. Manchmal ist es anstrengend, mühsam, beschwerlich oder schwierig, was wir auf uns nehmen müssen. Aber Gott kann so viel bewirken, wenn wir uns dennoch darauf einlassen und wenn wir überhaupt nicht damit rechnen. Vielleicht bin ich nur für diesen einen Unternehmer geschickt worden. Gott wusste, wann und wo er spazieren gehen würde. Dass er genau hier stehen bleiben würde und etwas in meiner Predigt genau für *ihn* gesagt werden musste, um nicht fünf Arbeitern ihre Existenz zu nehmen. Verrückt schön. Danke, Gott.

Ich denke an viele ähnliche Situationen in meinem Leben. Nicht umsonst heißt meine Biografie »Na toll, lieber Gott. Mein verrücktes Leben!«. Wie viel verrückt Schönes mit Gott durfte ich schon erleben! Und es war oft mühsam. Anstrengend. Manchmal zum Verzweifeln, wenn ich andere begeistern und motivieren wollte, sich auf diesen Gott einzulassen. Aber Gott hat so viel bewirkt in diesen 25 Jahren mit mir, meiner kleinen Gemeinschaft, mit vielen lieben Freunden, Mitstreitern und den vielen großartigen MitarbeiterInnen, die mit uns gewirkt haben.

Durchhalten

Ich denke an viele Ehrenamtliche in Gemeinden auf der ganzen Welt, die selbstlos Dienste übernehmen, die andere nicht leisten wollen oder können. Oft werden sie viel zu wenig beachtet oder gar gelobt. Wenn etwas nicht passt, werden sie vielmehr noch schnell kritisiert. Wofür die ganzen Mühen? Macht es wirklich einen Unterschied? Aber dann denke ich wieder an diese verrückte Begebenheit am See in Nordrhein-Westfalen. Wer soll es tun, wenn nicht wir? Ich kann allen, die sich im Dienst Gottes für die Menschen einsetzen, nur zurufen: »Haltet durch! Wir arbeiten für den menschenfreundlichsten Gott. Wenn wir es nicht tun, wer soll es tun?«

Wir arbeiten für einen verrückt Liebenden, und nichts ist IHM zu schwer, um uns zu retten. ER gab SEIN Liebstes, SEIN Herz, SEINEN Sohn. ER gab sich selbst für uns. Und jetzt gebraucht ER alle SEINE geliebten Söhne und Töchter. Und wird niemals müde dabei. ER lädt uns ein, Vertrauen zu wagen, und ER traut uns zu, auch verrückte Dinge anzustellen, um Menschen mit SEINER Botschaft zu infizieren. Wir müssen es nicht alleine und nicht aus eigener Kraft tun. SEIN lebendiger Atem,

SEIN Geist, ist immer in unserer Nähe. Wenn wir den kreativen Schöpfer origineller Ideen rufen, ist ER zur Stelle. Wenn wir gedanklich nicht mehr weiterkommen und IHN rufen, ist ER sprungbereit, unsere Gedanken zu beflügeln und uns zu animieren. Wenn wir wütend, schlecht gelaunt, missmutig sind, macht ER SEINEN Job. Und ER macht ihn sehr, sehr gut.

Übergeben Sie Ihr Leben diesem Gott und Sie werden sich wundern! Sie können damit rechnen, dass Ihr Leben nicht bleibt, wie es ist. Sie werden süchtig danach werden, in SEINER Nähe zu sein und den Dienst zu tun, den ER durch Sie tut. In Ihrer Ehe, Familie, im Verkehr, am Arbeitsplatz, in der Schule, beim Training, im Kino, Restaurant, in Ihrer Kirche oder Gemeinde. Erlauben Sie IHM, Sie verrückt zu lieben, und werden Sie ansteckend »ver-rückt« für andere. Wenn Gott Ihr Herz spürt, wird ER Ihnen jeden Tag eine Herausforderung schicken. Wird ER Ihnen SEINE Nähe schenken. Wird ER Ihnen verrückte Sachen zutrauen.

Erlauben Sie IHM, Sie verrückt zu lieben, und werden Sie ansteckend „ver-rückt" für andere.

Keine Sorge, Gott verlangt nie etwas, das nicht der Liebe oder der Bibel entspricht. ER wird Sie nie zur Lüge oder zu etwas inspirieren, das anderen schaden könnte. Gott tut so was nicht. Das ist die Handschrift eines anderen. ER wird manchen Gedanken aus Ihnen herauskitzeln, manche Gefühle heilen, Wunden verbinden und Sie wieder losschicken. Trauen Sie sich, Dinge zu tun, die Ihrem Lebenskonzept überhaupt nicht entsprechen. So etwas gibt es tatsächlich. Sie wollen Gott erleben? Tiefe Begegnungen mit Gott haben? Vertrauen Sie und lassen Sie sich herausfordern. Nehmen Sie in Gedanken das Überraschungsei, auf dem steht: »Verrücktes Vertrauen«.

DU bist ungewöhnlich, Gott. Nie gewöhnlich.
DU bist aber nicht sichtbar.
Aktiv, aber nicht überfordernd.
Inspirierend, aber nicht aufdringlich.
Gewaltig groß, aber nicht gewalttätig.
Behutsam, aber nicht einschläfernd.
Fordernd, aber nicht überfordernd.
Sanft, aber nicht harmlos.
Gut, aber nicht langweilig.
Frei, aber nicht distanziert.
Liebend, aber nicht eifersüchtig.
Königlich, aber nicht herrschend.
Göttlich, aber nicht unmenschlich.
DU bist verrückt nach uns.

Lust bekommen, etwas Verrücktes für Gott zu tun? ER kann es kaum erwarten, dass wir beginnen, IHM auch in schwierigen und komplizierten Herausforderungen zu vertrauen. Machen wir IHN nicht zu einem fernen, müden, teilnahmslosen Gott, den man beruhigt verharmlosen kann.

ER hat Großes mit Ihnen vor. Heute. Jetzt. Schenken Sie IHM Vertrauen und retten Sie die Welt dort, wo Sie leben.

Dritter Segen:

Gott versetzt uns gerne an andere Orte

Das könnte auch Ihnen passieren. Eine neue Arbeitsstelle. Ein neuer Kollege. Neuer Chef. Neue Wohnung. Total neue Nachbarn. Eine neue Stadt, in die Sie gezogen sind. Eine neue Regierung! Ein neuer Pfarrer in Ihrer Gemeinde. Eine neue Seelsorgeeinheit.

Die dritte Überraschung, den dritten Segen, den ich in der Bibel fand, lautet: Gott liebt es, wenn wir Herausforderungen mit einer positiven Einstellung und Vertrauen angehen. ER versetzt uns gerne in neue Situationen. Manchen gefällt das. Aber andere Menschen lieben Veränderungen überhaupt nicht. Sie fürchten sich geradezu vor allem Neuen und Unbekannten und Fremden. Überraschungen sind ihnen ein Gräuel. Zu welchem Typ gehören Sie?

So steht's in der Bibel

Gott gibt uns einen wegweisenden Lebenstipp für alle Situationen, in die ER uns bringt.

Israel ist im verheißenen Land. Nach der Sklaverei und dem Auszug aus Ägypten haben die Israeliten das Gefühl, endlich angekommen zu sein. Und dann führt Gott sie wieder weg. Sie werden ins Exil nach Babel verschleppt. 70 Jahre lang. Ein dunkles Kapitel in einem fremden Land ohne ihren Tempel. Gott führt sie heraus aus aller gefühlten Vertrautheit. In ein anderes Land, an neue Orte mit anderen Menschen, umgeben von fremden Göttern. ER ermutigt sie, sich in der Fremde niederzulassen. Das ist schon krass. Ist nicht Israel ihr verheißenes Land? Und jetzt müssen sie wieder lernen, in einem fremden Land ohne jede Sicherheit zu existieren? Alles ist neu und ganz anders. Die Enttäuschung und das Entsetzen kann man sich kaum vorstellen. Und da gibt Gott SEINEM Volk in seiner beängstigenden und verunsicherten Lage einen faszinierenden Ratschlag. Eine fortwährend gültige Aufforderung, die im Buch des Propheten Jeremia steht. »Suchet der Stadt Bestes (das Wohl der Stadt), in die ich euch habe wegführen lassen, und betet für sie zum Herrn, denn in ihrem Wohl liegt euer Wohl« (Jeremia 29,7). Wow!

Sie sollen sich niederlassen, Häuser und Gärten bauen, die Früchte genießen und Kinder zeugen. Ganz einfach, aber doch so wesentlich: Sie sollen das *Sie sollen das Beste aus dieser ihrer neuen Situation machen.* Beste aus dieser ihrer neuen Situation machen. Nicht rumjammern, sondern sich auf die Suche nach dem Besten, dem Positiven, machen, das im Neuen steckt, und vor allem sollen sie beten. Ich finde das herausfordernd und zugleich motivierend. Diese Stelle hat mich tief berührt, als wir selbst in einer existenziellen Veränderungssituation waren. Gott hat mich förmlich auf diesen Vers gestoßen.

Ortswechsel

Nachdem wir siebzehn Jahre in unserer ersten Gemeinde als »Kleine Kommunität« gedient hatten, sollten wir die Gemeinde wechseln. Unser Pfarrer und Mitbruder Franz hatte sein 75. Lebensjahr erreicht und ging in Rente. Pastorale Mitarbeiter sollen laut unserem Bistum nach 15 Jahren die Gemeinde wechseln, deshalb kam nun diese Aufforderung. Doch nach einem schwierigen Start war uns diese Gemeinde so sehr ans Herz gewachsen. Sieben Kirchenfestivals hatte ich hier initiiert, die weit über den Landkreis hinaus Besucher angezogen hatten. Sieben meiner Musicals feierten hier Premiere. Wir hielten mit 300 Kindern über 11 Jahre die Abenteuerland-Gottesdienste ab. Viele Hundert Ehrenamtliche dienten mit uns zusammen und die Gemeinde wuchs stetig. Nebenbei nahm ich noch unzählige Einladungen zu Vorträgen wahr. So konnte ich mir einfach nicht vorstellen, unsere Gemeinde zu verlassen. Aber dann mussten wir wechseln.

Manche Träne habe ich meinen vier Chören und den wundervollsten Mitarbeitern und Freunden nachgeweint. Hier war doch unser Zuhause. Unsere Herz-Jesu-Kirche, mit Tausenden von Erinnerungen an Hochfeste, Erstkommunionen und Festivals. Der Abschied fiel mir wirklich sehr schwer. Die Vorstellung, wieder ganz neu mit neuen Menschen und in neuen Verhältnissen zu beginnen, ließ mich zaghaft werden, obwohl ich mich noch nie vor einer Herausforderung gedrückt hatte. Und genau in dieser Umbruchzeit schenkte Gott mir diese trostvolle Motivation aus dem Buch des Jeremia. »Öffne dich für das Neue! Schau, was du jetzt Neues kennenlernen und erleben wirst, und hör auf, darüber nachzudenken, was du nicht mehr hast. Mach das Beste aus dem neuen Lebensabschnitt. Suche dir die besten neuen Mitarbeiter, die besten neuen Freunde, die besten neuen Möglichkeiten, das Beste der neuen Stadt.«

ER traf mich damit mitten ins Herz und ich begriff, worin SEINE Hilfe bestand. ER konfrontierte mich mit meinem Jammern, wobei ich das Vergangene verklärte und das Neue ablehnte. Dabei waren die ersten Jahre nach der Gründung unserer Gemeinschaft, weiß Gott, kein Zuckerschlecken gewesen. Wie viele schwere Prüfungen hatten wir zu bestehen gehabt! Von manchen hatten wir feindsinnige Ablehnung erfahren. Aber nachdem wir Fuß gefasst hatten, konnten wir am Ende auf unglaublich erfolgreiche und gesegnete Jahre zurückschauen. Freude und Begeisterung über Gott und darüber, SEINER Gemeinde dienen zu dürfen, waren und sind unser Charisma, unsere Gabe. Tag und Nacht arbeiteten wir und liebten unsere Arbeit. Ein »Dream-Team« nannte uns schon mancher. Gott hatte uns zusammengeführt. Es lief glatt und wir fühlten uns sicher. Zu sicher.

Jetzt spürte ich etwas, das ich schon lange verdrängt hatte.

Nun sah ich wieder, was ich wirklich brauchte: meinen Gott. Brauchte SEINE Führung, SEINE Kraft, SEINE Nähe. Hatte ich nicht schon zwei dramatische Aufbrüche in meinem Leben gehabt? Hatte ER mich nicht schon zweimal aus einer festen Existenz herausgerufen? Das erste Mal aus dem Leistungssport und einer Karriere ohne Glauben mit einer völlig anderen Lebensplanung. Und das zweite Mal als Klosterschwester, die kurz vor der »ewigen Profess« stand, heraus in die eigene Gemeinschaft.

Das heißt nicht, dass ich nicht jeden Tag im Gebet und in der Zwiesprache mit IHM gelebt hätte. Aber mein Kopf war nicht mehr frei gewesen für das, was ER mit mir und uns vorhatte. Nun nahm ich mir wieder verstärkt Zeit, um darauf zu hören. »Wenn Gott etwas nimmt, gibt ER etwas Besseres!« Mit diesem Satz konnte ich mich lange nicht anfreunden, als wäre das Vergangene weniger wert gewesen. Aber ich begriff, dass ER mein Herz öffnete für das Neue, Große, das ER noch mit mir vorhatte. Mich fähig machte, mich auf die neue Situation und die wundervollen neuen Menschen einzulassen. Und ER wusste es wieder einmal besser.

Bei unserem ehemaligen Lieblingskaplan, der inzwischen Pfarrer war, wurde ganz kurzfristig eine Stelle frei und meine Mitschwester konnte gleich als Gemeindereferentin weitermachen. Wir wurden herzlich und liebevoll in der neuen Seelsorgeeinheit aufgenommen. Ein unglaublich schönes und großzügiges Haus wurde uns zur Miete von allerliebsten Vermietern angeboten. Pfarrer Franz in Rente bzw. »in Reichweite« sprang ein, wo er gebraucht wurde, und wurde von den Gemeinden gleich ins Herz geschlossen. Und wie gut tat es mir nach so vielen Jahren Durchpowern, ein Sabbatjahr von der Gemeindearbeit nehmen zu dürfen. Ich beschloss, stattdessen alle Vortragsanfragen, die sich angesammelt hatten, zu erledigen. Auf die faule Haut legen ist nicht meine Art, außerdem musste ja auch die Miete bezahlt werden und meine Gemeinschaft mit meinem Anteil versorgt werden.

Welche Türen Gott da allerdings aufstoßen würde, konnten wir nicht ahnen. Am Ende des Sabbatjahres hatte ich 137 Vorträge gehalten. Und ich hatte es genossen. Jetzt musste ich nicht nachts noch schnell heimfahren, weil ich am nächsten Tag Schule hatte. Ich konnte es ruhiger angehen lassen. Die Schönheit der Orte genießen, wo Gott mich hinschickte. Ich hatte nun Zeit und beschloss, intensiv in den sozialen Medien Menschen mit positiven Impulsen zu erreichen. Gott sorgte dafür, dass immer neue und mehr Anfragen und Buchungen dazukamen, und ER schaffte es, »die kleine, dicke Schwester« bei Firmen und Unternehmern, bei Kongressen und Neujahrsempfängen, bei Wirtschaftstagen und Banken, bei Führungskräften und Landfrauenvereinen hineinzuschmuggeln. Jedenfalls überall da, wo Kirche ansonsten nicht selbstverständlich präsent ist. Das achte Jahr bin ich inzwischen auf Tour und halte über 180 Vorträge im Jahr. Regelmäßig entstehen neue Bücher bei verschiedensten Verlagen.

In der neuen Gemeinde bekamen wir wundervolle neue MitarbeiterInnen und konnten das Kinderabenteuerland erneut aufbauen. Allein in Deutschland ließen sich über 50 Gemeinden von mir anstecken und feiern nun erfolgreich kindgerechte Gottesdienste. Uns wurden herzallerliebste Freunde weit über unseren Kirchturm, unsere Gemeinde und unser Land hinaus geschenkt. Vor allem meine Freundin Maria aus Südtirol wurde für mich und unsere Gemeinschaft ein Geschenk des Himmels. Ihr zu begegnen und mich mit ihr auszutauschen und miteinander zu beten, eröffnete uns beiden neue Perspektiven. Ich durfte Südtirol und seine Gastfreundschaft kennenlernen, die bodenständige Art zu leben, und über ihren tiefen Glauben staunen. Sie wiederum erlebte unsere moderne Art, Gott zu feiern, und begleitet mich inzwischen oft zu Vorträgen, wenn Pfarrer Franz einmal nicht mitfahren kann. Unendlich dankbar bin ich ihr, denn wir teilen Freud und Leid miteinander. Sie half mir damals, loszulassen und neue Ufer zu betreten.

Vor allem habe ich aber auf Gottes Tipp gehört: »Suche das Beste …« Bis heute bete ich jeden Tag für das Wohl unserer neuen Gemeinden, unserer Freunde, unserer Mitarbeiter, unserer Gemeinschaft und danke Gott für meine »neue« Arbeit im Reich Gottes.

Nicht nur jammern

Klingt alles zu schön, um wahr zu sein? Nein, es ist wahr. Aber meine Trauerphase habe ich gebraucht. Und selbst das »Jammern« war erlaubt. Gott hat kein Problem damit, wenn wir laut vor IHM klagen und unserer Unzufriedenheit Luft machen, das sehen wir in den Psalmen. Es ist immer schwer, neu anzufangen, und wir dürfen uns zugestehen, dass wir uns schnell vor dem fürchten, was wir nicht kennen und für uns fremd ist. Wir dürfen Angst haben, aber Gott weiß, dass wir lernen können, mit ihr umzugehen. Etwas Neues birgt immer eine Chance und gleichzeitig ein Risiko. Wir können zutiefst bereichert werden oder aber einfach versagen. Man nimmt uns an oder lehnt uns ab. Auch für andere waren wir »neu«, »anders« und sie brauchten Zeit, uns kennenzulernen. Gott will uns weiterführen und ER steht uns bei.

Wer der Angst vor dem Neuen zu großen Raum in sich gibt, sieht oft nur die Gefahren und konzentriert sich auf das Negative. Veränderungen sind jedoch unvermeidbar. Sie fordern uns heraus und wir müssen lernen, mit den neuen Gegebenheiten und Situationen umzugehen und uns neu zu orientieren.

Das Jammern und Hadern mit dem Neuen raubt zudem viele Lebenskräfte. Natürlich reagieren wir mit negativen Gefühlen, wenn unerwartete Veränderungen auf uns zukommen. Manche werden sogar richtig wütend, wenn es nicht mehr so läuft, wie sie es gewohnt sind. Aber wir können auch innehalten und das

Beste suchen! Wir können fragen: Welche neuen, positiven Möglichkeiten werden sich für mich jetzt auftun? Habe ich nicht schon so viel erreicht? Hat Gott nicht schon oft gezeigt, dass ER mir beisteht? Ein guter Freund lässt uns nie im Stich. Vor allem dann nicht, wenn wir vor lauter »Schwarzsehen« kein Licht am Horizont erkennen. Gott ermuntert uns sogar dazu, uns IHM anzuvertrauen. Ich glaube, Gott liebt es, wunderbare Dinge zu tun, um uns zu zeigen, dass wir vor dem »Neuen« keine Angst zu haben brauchen. Wir sollten uns nie zufriedengeben mit irgendetwas oder irgendjemandem, sondern das suchen, was Gott für uns vorbereitet hat. Manchmal hat ER ein ganz anderes Programm geladen als wir. So war es damals bei mir: Ich spürte, dass ich durch den Wechsel viel mehr Zeit zum Gebet bekam und dass ich Gott dadurch wieder viel mehr vertrauen lernte.

Gott liebt es, wunderbare Dinge zu tun, um uns zu zeigen, dass wir vor dem „Neuen" keine Angst zu haben brauchen.

Alles scheint bei Ihnen gerade schiefzugehen? Eine Veränderung regt Sie auf? Sie sind plötzlich in einer unangenehmen Situation? Jemand macht Ihnen Angst? Versuchen Sie, umzuschalten und das Beste zu suchen.

Bei Gott gibt es keine Zufälle

Gerne erinnere ich mich an eine Begebenheit in meiner ersten Gemeinde, von der ich dachte, sie nie verlassen zu können. Wir Schwestern waren gerade ins Pfarrhaus eingezogen und ein Reporter der lokalen Tageszeitung wollte sofort ein Interview mit mir machen. Ich dachte mir überhaupt nichts dabei. Hatte ich nicht schon Hunderte von Interviews gegeben?

Ich ließ ihn kommen und versuchte zu erklären, was die Ziele und Dienste unserer neuen »Kleinen Kommunität« waren. Warum wir diese Gemeinschaft gegründet hatten und was wir vorhatten. Natürlich zuerst der Gemeinde dienen. Nach einigen Minuten wurde mir unbehaglich. Was stellte dieser Reporter nur für merkwürdige Fragen? Ich versuchte, so gut ich konnte, unsere Absichten und Motivation zu erklären und dass wir zu den Menschen gehen wollten, die ganz unten sind und übersehen werden. Vor allem wollten wir uns als Gemeindereferentinnen der Kinder und Jugendlichen annehmen. Das war ja unsere Berufung. Und darüber hinaus auch in unserer Ortsgemeinde durch die Vorträge und Musicals wirken. Die Fragen aber wurden immer kritischer. Irgendwann reichte es mir und ich bat mein Gegenüber, den fertigen Text, den er am nächsten Tag schon in den Druck geben wollte, vorab lesen zu dürfen. Ich wollte überprüfen, dass sachlich alles stimmte.

Er versprach mir, den Text am nächsten Tag rechtzeitig per Fax zu senden. Aber am nächsten Morgen kam kein Fax, auch nicht am Nachmittag, sondern erst um 21 Uhr abends. Als ich sein Interview gelesen hatte, dachte ich, mich träfe der Schlag. Meine Aussagen waren dermaßen sinnentstellt! Ich war entsetzt. Wir alle waren entsetzt. Sofort rief ich in der Redaktion an, dass man einige Sätze so nicht drucken könnte. Vor allem eine wortwörtliche Rede, die mir in den Mund gelegt worden war: »Kirche ist der Mensch, der in der Schei... sitzt« – das war seine Interpretation meines Satzes: »Wir müssen zu den Menschen, die ganz unten sind.«

»Ändern Sie das sofort«, bat ich den Journalisten. Ich würde doch niemals solche Ausdrücke benutzen! Auch andere Sätze waren komplett missverständlich verdreht und negativ. »Wenn das jemand liest, brauchen wir gar nicht erst anfangen!«

Seine kurze Antwort machte mich sprachlos: »Tut mir leid, das ist schon im Druckhaus in Nürnberg.«

Ich kann die Panik meiner Gefühle gar nicht beschreiben. Wir gingen sofort in die Kirche und beteten voller Sorge bis in die tiefe Nacht hinein. Bis ich plötzlich dachte: »Tereschen, du bist ein Dummerchen.«

Ich fing an, Gott lautstark zu preisen, zur Verwunderung meiner Gemeinschaft. »Du hast die ganze Welt geschaffen, guter Gott«, betete ich, »da wirst du doch mit so einem kleinen Problem fertig!« Ich beschloss, sofort ins Bett zu gehen.

Am nächsten Morgen wurde ich sehr aufgeregt geweckt. Warum? Die Zeitung war nicht erschienen. Druckerstreik in Nürnberg. Vielleicht denken Sie jetzt: »Zufall«. Nee, nee, für mich ist das kein Zufall. Warum sollte Gott nicht SEINEN Kindern

Das Einzige, was wir brauchen, ist unser Gott.

beistehen? ER selbst gab uns den Auftrag, zu beten und IHM zu vertrauen. Wir wurden schon in manche schwierige Situation geworfen oder waren am Verzweifeln. Sahen keinen Ausweg mehr. Da begriffen wir: Das Einzige, was wir brauchen, ist unser Gott. An dieser Beziehung gilt es immer zu arbeiten. Gott holt uns manchmal aus Sicherheiten oder versteckter Bequemlichkeit oder einer Lebenslüge. ER erwartet, dass wir IHM vertrauen. Das Beste aus der Situation machen und uns für SEINE Wunder öffnen.

Beten statt Jammern.
Loben statt Toben.
Geben statt Nehmen.
Niemand erwartet,
dass du es sofort schaffst,
das Neue
zu umarmen.
Aber gib dir
und dem Neuen
die Chance, dich zu überraschen.
Gib Gott die Chance
einzugreifen.
Ein einziger Gedanke genügt.
Ein einziges Gebet kann helfen.
Ein einziger Schritt bringt Mut.
Ein erstes Lächeln hilft.
Werde Schatzsucher.
Suche das Beste.
Suche den Schatz,
den Gott
hier und jetzt
für dich
bereitet hat.

Vielleicht möchten Sie jetzt genau dieses »Überraschungsei« von Gott bekommen. Vielleicht überfordert Sie etwas, mit dem Sie gerade konfrontiert werden. Vielleicht denken Sie: »Ich schaffe das nicht.« Vertrauen Sie Gottes Lebenstipp: »Suche das Beste in deiner jetzigen Situation. Mach das Beste daraus.« Überlegen Sie konkret, was das für Sie bedeuten könnte, und beschließen Sie einen ersten Schritt.

Und beten Sie gerade für die, mit denen Sie sich schwertun.

Ich wünsche Ihnen Mut und Kraft. Ich weiß, Gott wird Sie überraschen.

Gott schenkt Mut, damit wir über uns hinauswachsen

Viele Menschen haben einen natürlichen Gerechtigkeitssinn. Sie können es nicht ertragen, wenn jemand zu Unrecht beschuldigt, unschuldig verurteilt oder ein Schwächerer bedroht wird. Andere dagegen sind kleinmütig, weichen jedem Konflikt aus und sind oft sprachlos angesichts des Unrechts. Haben Sie sich schon einmal gefragt, warum manche Menschen unglaublich mutig sind? Die vierte Segens-Überraschung, die ich in der Bibel gefunden habe, ist, dass Gott denen hilft, die bereit sind, für das Gute zu kämpfen.

So steht's in der Bibel

Wer kennt nicht die Geschichte von David und Goliat (1. Samuel 17,1-58)? Der junge David tritt gegen den übermächtig erscheinenden Goliat zum Kampf an.

Als David in das Lager kommt, um nach seinen Brüdern zu sehen und ihnen Nahrung zu bringen, hört er ihn schon schreien. Schnell begreift er, was hier los ist. Niemand wagt es, diesem riesigen Gegner gegenüberzutreten, alle fliehen, wenn sie ihn nur sehen. Aber was David so wütend macht und erbost, ist die Tatsache, dass dieser Goliat sein Volk und seinen Gott schlechtmacht. Deshalb ist er bereit, sich dem Koloss zu stellen. Natürlich winkt König Saul zunächst ab. Dieser kleine, junge Mann und im Kampf völlig unerfahrene Hirtenjunge will kämpfen? Aber da zählt David auf, wie oft Gott ihm schon in heikelsten Situationen gegen Bär und Löwe beigestanden hat. Er ist bereit. Wer würde über solch einen Mut nicht staunen?

Doch der Kleine ist nicht nur mutig, sondern klug. Dass Goliat sich über ihn lustig macht, ist erst einmal verständlich. Aber er sagt Goliat ins Gesicht, dass er nicht alleine kommt, sondern im Namen des Herrn der Heerscharen, seines Gottes, den er verhöhnt hat (1. Samuel 17,45). Dass er ihn mit einer einfachen

Steinschleuder besiegt, ist im wahrsten Sinne des Wortes einfach umwerfend und begeisternd.

Nie vergesse ich einen Abenteuerland-Kindergottesdienst, als wir genau diese Szene nachstellten. Ich animierte zwei Jungs zum Mitmachen. Einen groß gewachsenen Jungen suchte ich aus, der sich auf einen Stuhl stellen sollte. Ich drückte ihm ein Holzschwert in die Hand und setzte ihm einen Helm auf. Alufolie wickelte ich wie einen Panzer um seinen Bauch. Dann erzählte ich die Geschichte von den Philistern und Israel, vom Kampf zwischen David und Goliat. Ich animierte unseren »Goliat«, mächtig zu brüllen. Ein kleines Quäken ertönte. Scherzend forderte ich ihn auf, noch lauter zu schreien. Alle amüsierten sich. Dann bekam unser »David«, gespielt von einem Kindergartenkind, ebenfalls ein Schwert und einen Helm und ich umwickelte ihn mit der Alufolie –
seine Arme eingeschlossen. Natürlich konnte er sich kaum bewegen. Also nahm ich ihm alles wieder ab. Unser Goliat lachte den kleinen »Hosenscheißer« aus und brüllte weiter. Aber

Wer würde über solch einen Mut nicht staunen?

unser tapferer David, der von mir eine Schleuder bekam, holte aus und spielte geschickt, wie er Goliat auf die Stirn traf, und der fiel vom Stuhl und lag auf dem Boden.

Die ganze Kirche lachte. Die Kinder jubelten. Alle freuten sich über den mutigen David. Auch jetzt muss ich schmunzeln, wenn ich an die leuchtenden Kinderaugen denke. Die Sympathieverteilung in diesem Kampf war eindeutig und ist immer vorhanden, wenn ein vermeintlich schwächerer Gegner gegen einen deutlich stärkeren kämpft. Sie liegt auf der Seite des Schwächeren.

Man freut sich, wenn ein kleiner, regionaler Fußballverein den Profi-Erstligisten schlägt. Oder wenn ein kleiner Betrieb die feindliche Übernahme durch einen großen Finanzinvestor abwehren kann. Wie jubelt die Menge einem Sportler zu, der aus einem ärmeren Land mit viel schwierigeren Trainingsmöglichkeiten kommt und plötzlich ganz oben auf dem Treppchen steht.

Vom übermächtigen Gegner und dem Underdog

Unvergessen bleibt mir auch die Erinnerung an einen Schwimmer bei einer Olympiade, den ich vor vielen Jahren im Fernsehen sah. Er kam aus einem kleinen afrikanischen Staat und brauchte die doppelte Zeit bis zur Zielkante wie die Sieger. Ganz allein schwamm er hintennach. Aber die ganze Halle jubelte ihm zu. Er war jung und wohl zum ersten Mal bei so einem großen Wettkampf. Strahlend über das ganze Gesicht stieg er aus dem Wasser. Ich konnte gut mit ihm mitfühlen. Denn so war es mir selbst ergangen, als ich als Siebenjährige zu einem meiner ersten Turnwettkämpfe mitgenommen wurde. Er fand in Frankreich statt. Als kleinste und jüngste Turnerin durfte ich ohne Eltern verreisen, und alles war sehr aufregend. Meine Lieblingsdisziplinen waren der Schwebebalken und das Bodenturnen. Vor dem Reck allerdings hatte ich Panik. Mein Trainer hob mich an die obere Sprosse. Ein Umschwung – und statt am unteren Holm zu greifen, fiel ich runter. Die Horrorvorstellung jeder Turnerin. Wieder hob mich mein Trainer hoch. Doch kaum hatte ich angefangen, fiel ich erneut. Eine Träne rann mir über die Wange.

Ich glaube, ich bin damals viermal vom Gerät abgestiegen. Eine Katastrophe. Ich stand nach der Landung wie angewurzelt da und die Tränen quollen mir nur so aus den Augen. Mein Trainer kam und trug mich einfach weg. Ich hatte komplett versagt. Aber das Publikum hatte wohl Mitleid mit mir und klatschte weiter. Alle Kameradinnen trösteten mich. Und dann kam schon das nächste Gerät. »The show must go on«, keine Zeit für Tränen, weiterkämpfen hieß es für die Mannschaft. Als ich an der Reihe war, meine Bodenübung zu beginnen, bekam ich schon vorneweg einen Motivationsapplaus. Ach, wie gut das tat. Und als ich zu meiner ersten Bahn ansetzte, ließ ich einfach beim Flickflack die Arme weg und ich hatte einen gestreckten Salto gesprungen. Ich landete sogar ordentlich auf meinen Füßen und war so verdutzt wie wohl mein Trainer und die Zuschauer auch. Ein stürmischer Beifall kam – vor Schreck stand ich immer noch da, als die Musik zu meiner Übung weiterlief, und ich eilte über beide Ohren strahlend, um hinterherzukommen. Es war wohl die Situationskomik, aber am Ende stand ein »kleiner, frecher Fratz« da, der vom Publikum ins Herz geschlossen worden war. Damals begriff ich, dass wir nie aufgeben dürfen, wenn wir fallen, sondern wieder aufstehen und weitermachen können. Auch die Kleinsten können etwas leisten.

Damals ging es nur um Punkte, doch bei David ging es ums Überleben. Und es ging um einen direkten Gegner, der übermächtig schien.

Überall gibt es die großen, gemeingefährlichen Riesen und die kleinen, unscheinbaren Davids. Goliat steht für die ganze Arroganz des lauten, brutalen und von sich überzeugten, hochmütigen Menschen. Und David, der Neuling, für den Klugen und Weisen. Wie überraschend, dass er keine Angst vor dem Gegner hat. Weder vor seiner Macht oder seiner Bedeutung noch seiner Kraft. Er ist von seiner eigenen Sache überzeugt. Er hat Ideale und tritt für sie ein. Er ist unverzagt. Mit Furchtlosigkeit und Kühnheit braucht er für den Kampf kein Schwert, sondern einen einfachen Stein aus seiner Hirtentasche. Das passt wesentlich besser zu ihm. Damit hat er auch schon kleine Raubtiere verjagt. Das macht ihn beweglicher und unkalkulierbar für den Gegner und bringt diesen letztendlich zu Fall. Er ist ein geübter Werfer. Aber das, was er in seinem Herzen hat, ist noch gewaltiger, stärker und mächtiger: Er hat ein Herz für Gott. Ein gutes Herz. Er ist ein Mensch nach dem Herzen Gottes. Deswegen hat Gott ihn aus der ganzen Schar seiner Brüder auserwählt. Deswegen wurde er von Samuel gesalbt:»Gott sieht nämlich nicht auf das, worauf der Mensch sieht. Der Mensch sieht, was vor den Augen ist, der HERR aber sieht das Herz« (1. Samuel 16,7).

Aber das, was er in seinem Herzen hat, ist noch gewaltiger, stärker und mächtiger: Er hat ein Herz für Gott.

Das, was David tatsächlich besitzt, ist unbezahlbar. Er hat ein göttliches Herz. Er weiß Gott auf seiner Seite. Er hat unerschütterliches Vertrauen zu IHM. Der Name David bedeutet»der Geliebte« – und er ist wahrlich ein Liebling Gottes.

Mit dieser Gewissheit kann David sogar seinen Gegner provozieren. Denn kein Gegner ist zu groß, als dass er es nicht mit ihm aufnehmen könnte – mit Gott an seiner Seite. Er hat einen Freund, für den es sich zu kämpfen lohnt, koste es auch sein Leben. Dieses Risiko nimmt er in Kauf.

Gottes mächtiger Segen

Einfach großartig ist diese Geschichte und ermutigend, aber auch für mich aufwühlend. Woher nimmt David diesen Mut? Ich vermute, er kämpft für das Beste, für das es sich zu kämpfen lohnt: Gott und die Menschen. Er kämpft für seinen Gott, den er beleidigt sieht, und er will dessen Ehre wiederherstellen. Wow! Es geht David nicht um David. Es geht David um seinen Gott.

Er will zeigen, dass Israel einen Gott hat und dieser Gott ihm beistehen wird. Daher kämpft er für seine Brüder und Schwestern, seine Familie, sein Volk. Ich bin überzeugt, wenn wir alles, was wir tun, entweder zur größeren Ehre Gottes oder für die Menschen tun, werden wir Gottes mächtigen Segen ebenso empfangen. Unser großer Freund, Gott selbst, wird uns beistehen. ER möchte uns ermutigen und mutig machen. Doch natürlich müssen wir uns die Frage stellen, für was unser Herz schlägt. Für was setzen wir unser Leben ein? Um wen und was geht es im täglichen Lebenskampf? Wie viel Platz ist tatsächlich in unserem Herzen für diesen göttlichen Freund? Wollen wir überhaupt ein Liebling Gottes sein? Fürchten wir uns nicht vor den Konsequenzen?

Was die Menschen zur Zeit Davids noch nicht wussten, ist, dass wir alle Lieblinge Gottes sind. Seit Christus Mensch geworden ist und für uns starb, sind wir sogar geliebte und gerettete Lieblinge.

Unsere Goliats können in den Schulklassen sitzen und Schwächere demütigen oder im Büro, wenn Kolleginnen lächerlich gemacht werden. Überall wimmelt es von Menschen, die unseren Gott verhöhnen: »Sag bloß, du gehst in die Kirche?« – »Was, du hast ein Ehrenamt in der Gemeinde?« – »Wo ist euer Gott, der doch alles Leid zulässt?« Es sind oft kleine Fragen, die uns gestellt werden und bei denen wir Nervosität verspüren. Ein ideologischer Mainstream widersetzt sich heute dem, was wir noch gestern für die Wahrheit hielten. Schon eine andere Meinung kann einen »Shitstorm« auslösen. Angegriffen werden auch Christen, die den Mut haben, sich zu Christus zu bekennen. Oder aber eine Politikerin, die beim Weihnachtswunsch »Weihnachten« weglässt. Es hagelt Ablehnung und bitterste Vorwürfe, in diesem Fall von Christen. Ich kann nur irritiert staunen, welche Wortwahl auch und gerade von Christen benutzt wird. Es ist gut, für unsere Meinung einzutreten und gegen Übel aufzustehen – aber sollten nicht gerade wir für Positives bekannt sein, nicht für negative Hetze?

Der Begriff der Toleranz wird heute neu definiert. Wir sind herausgefordert, für das Gute zu kämpfen. Aber mit den Mitteln, die schon David angewendet hat. Mit Klugheit und Besonnenheit. Der Stein, um uns zu wehren, muss auch heute den Kopf des Gegners treffen. Besser noch seine Gedanken. Denn aus Gedanken werden Worte und daraus Taten. Aus bösen Gedanken werden böse Worte und böse Taten. Wir dürfen uns nicht als engstirnige, gekränkte Menschen wehren, sondern als dankbare Freunde Jesu. Wir müssen uns mutig einsetzen gegen das Gespött in Richtung unserer Glaubensüberzeugung, aber es geht nicht um unsere Rechte, sondern um »Gottes Rechte«, die ER uns in unserem Gewissen und SEINEM menschgewordenen Wort anvertraut hat: Jesus Christus. Heute wie damals gilt es, den Kleinmut zu überwinden. Wir müssen uns mehr trauen. Wir haben nichts zu verlieren. Der Tod hat für uns Christen nur noch einen schlechten Ruf! Wir leben aus der Wirklichkeit der Erlösung. Aber die Freiheit, die Christus geschenkt hat, ist kein Freibrief zur Sünde … wie Paulus sagt (vgl. Galater 5,13).

Wir können die Welt verändern!

Ich bin überzeugt, dass 2,26 Milliarden Christen diese Welt verbessern können. Dass wir Mut lernen können. Fangen wir doch einfach bei uns an, bei unseren christlichen Nachbarn. Wie dankbar bin ich Gott, dass ich als katholische Schwester auch von vielen evangelischen und freikirchlichen Gemeinden eingeladen werde. Ich versuche, eine kleine Botschafterin der Ökumene zu sein, und dass nun schon das zweite Buch von mir in einem evangelischen Verlag erscheint, spricht doch für sich.

Wie viele wundervolle, großartige und inspirierende Christ-Innen aller Konfessionen durfte ich auf meinem Lebensweg kennenlernen! Manche haben mich staunen, glauben, beten und lobpreisen gelehrt. Wir teilen uns die Liebe zu Jesus Christus. Wir sind Schwestern und Brüder. Wie bereichernd ist es zu leben, wenn man gut vom anderen denkt! Wie gesegnet werden wir durch Gott, wenn wir auf all das Verbindende schauen!

Wir vergessen manchmal, dass schon in der Urgemeinde Christen als »Sekte«, als »Anhänger des Weges« (Apostelgeschichte 9,2), bezeichnet wurden. Wir vergessen, dass die ersten mutigen Christen verfolgt, verbrannt und getötet wurden in den Arenen Roms, weil sie sich zu Christus bekannten. Leider werden auch heute noch viele Christen auf der Welt verfolgt. Stehen wir zusammen ein für diesen unfassbar liebenden Gott und SEINE Kinder und Geschöpfe, für diesen herrlichen Planeten.

»Alles, was du von anderen erwartest, das tue auch ihnen« bleibt für mich die faszinierendste Zusammenfassung der Bergpredigt. Fangen wir mit kleinen Schritten an, mutiger zu werden. Ich weiß, dass viele Ängste uns daran hindern können. Aber vergessen Sie nie: Alles, was Gottes Ehre vermehrt und einen Mitmenschen ermutigt, wird gesegnet sein. Wagen Sie jeden Tag, sich Ihrer Angst zu stellen.

Und probieren Sie Neues aus: Sprechen Sie einen interessanten Menschen an, den Sie noch nicht kennen. Sie trauen sich nicht? Sie könnten beginnen, jemanden nach dem Weg zu fragen oder nach der Uhrzeit. Beenden Sie eine ungesunde Beziehung. Reisen Sie in ein Land, das Sie noch nicht kennen. Probieren Sie ein neues Restaurant aus. Nehmen Sie einen anderen Weg zur Arbeit oder in die Gemeinde. Halten Sie ein kleines Gespräch mit einer Verkäuferin. Probieren Sie ein neues Rezept. Unterschreiben Sie eine Petition. Spenden Sie Geld für Bedürftige. Versuchen Sie, zu Ihrer Meinung zu stehen. Sagen Sie auch mal »Nein«. Sagen Sie auch mal »Ja« für einen Dienst in Ihrer Gemeinde, ohne dass Sie jemand betteln muss. Ach, da gibt es Millionen Möglichkeiten. Jeden Tag eine gute Tat, so machen das die Pfadfinder. Jeden Tag etwas mutiger werden. 365 Tage lang neue Dinge, über die sich Gott, Ihre Familie und Sie selbst freuen können. Das verdient ein Überraschungsei.

Lass mich ein klein bisschen
sein wie David.
Für DICH Lieder schreiben.
Für DICH singen.
Für DICH hingebungsvoll tanzen.
Für DICH leidenschaftlich leben.
DICH mutig bekennen.

Lass mich ein wenig mehr
wie David handeln.
Für andere ein guter Hirte sein.
Für andere eintreten.
Für andere beten.
Für andere ein Schutzwall sein.
Für andere kämpfen.

Lass mich DEIN Liebling sein.

Vielleicht ist dieses Kapitel genau für Sie geschrieben. Vielleicht ist es an der Zeit, die Komfortzone zu verlassen und mutiger zu denken und zu sagen und zu tun, was einen anderen retten könnte. Aus seiner Mutlosigkeit, aus seinem Zweifel, aus seiner Armut? Vielleicht ist es dran, mutig ein Gespräch mit jemandem zu suchen, um sich zu versöhnen? Treffen Sie jetzt eine Entscheidung. Gott ist an Ihrer Seite. ER wird Sie dafür segnen.

Fünfter Segen:

Gottes Liebe ist bedingungslos

Wenn wir je in eine Lebenssituation kommen sollten, wo uns der Zweifel an Gottes Liebe übermannt, sollten wir uns in das Buch Hosea vertiefen. Wie sehr Gott SEIN Volk liebt, trotz allem Versagen und aller Abkehr von IHM, ist hier der Gipfel der Überraschungen. ER übertritt sogar Grenzen absichtlich, um die Menschen zurückzugewinnen.

So steht's in der Bibel

Hosea bekommt von Gott den Auftrag, eine Ehebrecherin zu heiraten. Genauer gesagt ist sie sogar eine »Dirne«. Er dagegen ist ein Mann Gottes, führt ein ehrbares Leben, das ganz nach Gott ausgerichtet ist. Er tut es, ist Gott gehorsam und heiratet Gomer – und das wird zu einem überraschenden Beispiel für die Liebe Gottes zu SEINEM Volk. Lesen Sie es ruhig in der Bibel im gleichnamigen Buch nach, wenn Sie es mir nicht glauben. Und obwohl Hosea seine Frau abgöttisch liebt, begeht sie immer wieder Ehebruch.

Total verrückt und abenteuerlich, diese Geschichte der Bibel, aber sie will ein lebendiges Beispiel für Gottes Liebe sein. Wirklich absurd, dass so ein frommer Mann eine untreue Frau heiraten soll! Trotz allem Gerede lässt er sich nicht davon abbringen. Hosea gewinnt Gomer lieb, und es scheint ihm völlig egal zu sein, was irgendjemand darüber denkt. Sie braucht jemand, der sie wirklich liebt, und sie begreift lange nicht, wie sehr sich die treue Liebe ihres Mannes von der Liebe, die sie bisher kennengelernt hat, unterscheidet. Sie gebiert ihm Kinder, aber lässt sich weiterhin von Geld, Reichtum und Schmuck verblenden. Immer wieder läuft sie falschen Männern nach. Hosea hört dennoch nicht auf, sie gernzuhaben. Er muss entweder blind vor Liebe, verrückt oder ein Volltrottel gewesen sein. Zumindest würden wir heute so über so einen Mann denken, und sicher taten das seine Freunde damals auch.

Dass nun ausgerechnet der Prophet Hosea dem Volk Israel einen Spiegel seiner Verfehlungen vorhalten soll, ist megaspannend. Gott beauftragt ihn, den Israeliten anhand seiner Ehe mit Gomer zu verdeutlichen, dass auch sie IHM untreu geworden sind. Sie laufen falschen Göttern nach und beten Figuren aus totem Stein an. Sie haben sich von Gott abgewendet und sündigen ohne schlechtes Gewissen. Er fordert sie im Namen Gottes auf umzukehren.

Ich kann mir gut vorstellen, wie abweisend die Menschen auf den Propheten Hosea reagierten. Mit welchem Recht redete er ihnen ins Gewissen und schwang die moralische Keule, wo er doch selbst eine »Edelnutte« als Frau hatte und in den Augen vieler »anstößige« Kinder?

Aber genau das möchte Gott. Hosea stellt mit seiner Person, mit seinem eigenen Leben, dar, wie Gott in SEINER Liebe zu SEINEM Volk enttäuscht wurde. Und Gott reagiert mit Strafe für Israel, aber auch mit der Erneuerung SEINER Liebe. Genau wie Hosea auf Gomer reagiert.

SEINE Liebe ist größer als SEIN Zorn. ER hat Israel dauerhaft als SEIN Volk erwählt, obwohl es sich immer wieder von IHM abwendet. Auf diesen Hintergrund sind die Zeichenhandlungen zu verstehen, die Gott am Anfang des Buches von Hosea verlangt. Hosea erklärt das Verhältnis Gottes zu Israel mit dem Bild einer »Ehe« und stellt den Götzendienst als geistlichen Ehebruch dar. Genau wie Gomer es gesagt hat: »Ich will meinen Liebhabern hinterhergehen. Sie geben mir Brot und Wasser, Wolle und Leinen, Öl und Getränke« (Hosea 2,7).

Doch Gott lässt sich nicht abschütteln. Wie ein betrogener Ehemann wirbt ER weiterhin um die Liebe und Treue SEINER »Ehefrau«. »Darum will ich selbst sie verlocken. Ich werde sie in die Wüste gehen lassen und ihr zu Herzen reden« (Hosea 2,16).

Unfasslich für mich. Hier wird von Gottes unaufhörlicher Liebe zu SEINEM Volk, zu SEINEN Kindern, erzählt. Im letzten Teil des Buches vergisst Gott sogar die Fehltritte und nimmt sie zurück, wenn sie mit einem bereuenden Herzen zurückkommen. Neben der unvorstellbaren göttlichen Liebe zeigt es uns auch, wie Gott entehrt und durch SEINE Kinder verärgert und enttäuscht wird. Wie kann man jemanden, der einem so eine Menge an Liebe, Gnade und Mitgefühl entgegengebracht hat, so respektlos behandeln? Immer und immer wieder die »Liebesbeziehung« brechen, was nichts anderes bedeutet als »fremdgehen«? Andere Götter bevorzugen, Gott links liegen lassen, allen weltlichen Reizen verfallen und sich lieber für Geld, Macht, Anerkennung und aus Neid, Eifersucht, Habgier abarbeiten als die Nähe des lebendigen Gottes suchen?

Gott wartet

Mich bringt diese Bibelgeschichte zum Weinen und zum Jauchzen. Eine einmalige Untreue ist ja schon ein schlimmer Betrug unter Liebenden und bedeutet oft das Ende einer Beziehung. Aber immer wieder zu sündigen, und dann noch mit verschiedenen Partnern, während der andere nicht aufhört zu lieben, ist unfassbar. Es ist respektlos, grob, verachtend, unsensibel, den anderen so zu behandeln, und das über Jahre. Hosea muss ein Verrückter gewesen sein. Gott muss ein Verrückter sein. Ein verliebt Verrückter, der einen Narren an SEINER »Geliebten« – also uns – gefressen hat. ER will uns durch den Propheten Hosea sagen: »Was auch immer passiert ist, du darfst zurückkommen. Ich warte auf dich. Ich gehe dir nach, ich bettle an deiner Herzenstür. Ich lasse dich nicht fallen.«

»Ich will ihre Untreue heilen und sie aus freiem Willen wieder lieben. Denn mein Zorn hat sich von Israel abgewandt« (Hosea 14,5) – ein wunderbares Wort. Das galt damals für Israel und das gilt heute für uns. ER will unsere Untreue »heilen«. ER weiß, dass ein Leben ohne IHN zu Unheil führt. Aber wir wollen das oft nicht begreifen. Streben nach Unabhängigkeit, wollen uns nichts vorschreiben lassen, unseren eigenen Willen durchsetzen. Wie kleine Kinder versuchen wir auszubüchsen, weil die Freiheit spannend und verlockend wirkt. Es ist wie ein »Fang mich doch«-Spiel, wo wir unsere Grenzen ausprobieren wollen und enttäuscht sind, wenn wir eingefangen und abgeklatscht werden. Pubertär weigern wir uns einzusehen, dass wir die »elterlichen Aufpasser« noch brauchen. Wir wollen keinen Gott, keinen strengen Vater, der uns jeden Schritt vorschreibt und uns keine Wahl lässt. Oder besser immer nur die eine Wahl: zwischen IHM und dem Unheil. Zwischen Himmel und Hölle. Zwischen Liebe und Verachtung. Das ist einfachstes Schwarz-Weiß-Denken, aber genau so empfinden das viele.

Und unsere Kirche hat Jahrhunderte dazu beigetragen, Menschen das Schlimmste vor Augen zu führen, was ihnen bevorsteht, wenn sie nicht tun, was Gottes Wort ihnen geboten hat. Dazu kommen noch das schlechte Gewissen und die bedrückende Last von Sünde und Schuld. Statt von der Einladung Gottes wurde von Strafe und Gericht gepredigt. Nicht vom Zauber jener inneren Bereicherung gesprochen, wie Glaube und Vertrauen das Leben erfüllen und gelingen lassen. Alles, was Spaß macht, schien verboten. Das düstere Bild eines Bewachers überstrahlte die Vorstellung eines Freundes, der uns nachläuft. Also wurde gleich alles abgestreift. Wie oft reagieren Menschen mit Zorn und Wut und Abkehr, obwohl nicht Gott etwas falsch gemacht hat, sondern sie selbst! Wie viele neigen dazu, ihre eigene Unfähigkeit auf andere zu projizieren! Weil es einfacher ist, einen Sündenbock zu finden, als den Anteil des eigenen Versagens zu erkennen oder, noch schlimmer, es ehrlich zu bekennen. Wie schwer fällt es uns, zu unserer Schuld zu stehen! Ausreden, rumreden, andere angreifen, weglaufen, anderen etwas in die Schuhe schieben, sich dumm stellen, lügen – so sehen unsere Ausflüchte aus. Doch es könnte viel einfacher sein: »Kehr um, Israel, zum Herrn, deinem Gott! Denn du bist zu Fall gekommen durch deine Schuld« (Hosea 14,2).

Weil wir nichts zugeben wollen, wenden wir uns von diesem Gott ab. Reduzieren IHN auf einen Polizisten, der jeden Tag unser Leben kontrolliert und jeden kleinsten, schmutzigen Gedanken in SEIN Buch schreibt. Aber so ist Gott nicht. ER zeigt im Buch Hosea, das ER fühlend, liebend, vergebend, zugänglich, freundlich und barmherzig ist. Einer, der nicht ohne uns sein will. Der in unserem Leben eine Rolle spielen will. Der nicht außen vor bleibt, der sich wie kein anderer für uns interessiert, mit uns geht, in uns wirkt. Der nicht nach dem Äußeren schaut, der gerade nicht das Versagen zählt, sondern uns einladen will.

Die große Einladung SEINER Liebe gilt jedem. Jedem Sünder. Jedem Heiligen. Jedem Zweifelnden, jedem Verbrecher, jedem Ausgestoßenen, jedem Verräter, Mörder, jedem Kranken, jedem Zornigen, Wütenden, Hassenden und Untreuen, sie gilt jedem Menschen. Würdig oder unwürdig. ER spricht die Einladung SEINER Liebe für die Ewigkeit aus. ER bleibt treu bis zum Äußersten. Und ER befähigt zur Reue, zum Umdenken, zum Versöhnen. Das sehen wir an Menschen, die wir nur bewundern können, weil sie trotz Schicksalsschlägen verzeihen, vergeben, weiter lieben und leben. Die auf Hass verzichten, obwohl ihnen das Schlimmste angetan wurde.

Meinen Hass bekommt ihr nicht

Die Worte, die mich in den letzten Jahren am meisten zu Tränen gerührt haben, hat Antoine Leiris auf Facebook veröffentlicht, nachdem er seine Frau Hélène bei den Anschlägen von Paris im Bataclan am 13. November 2015 verloren hatte. Der Radiojournalist wandte sich in einem offenen Brief an die Männer, von denen sie getötet wurde. Seine Worte bewegten Millionen:

Freitagabend habt ihr das Leben eines außerordentlichen Wesens geraubt, das der Liebe meines Lebens, der Mutter meines Sohnes, aber meinen Hass bekommt ihr nicht. Ich weiß nicht, wer ihr seid, und ich will es nicht wissen, ihr seid tote Seelen. Wenn dieser Gott, für den ihr blind tötet, uns nach seinem Ebenbild geschaffen hat, dann muss jede Kugel, die den Körper meiner Frau getroffen hat, eine Wunde in sein Herz gerissen haben. Nein, ich werde euch nicht das Geschenk machen, euch zu hassen. Auch wenn ihr es darauf angelegt habt; auf den Hass mit Wut zu antworten, würde bedeuten, derselben Ignoranz nachzugeben, die euch zu dem gemacht hat, was ihr seid. Ihr wollt, dass ich Angst habe, dass ich meine Mitbürger misstrauisch beobachte, dass ich meine Freiheit der Sicherheit opfere. Verloren. Der Spieler ist noch im Spiel. … Zugegeben, der Kummer zerreißt mich, diesen kleinen Sieg habt ihr errungen, aber er wird nur kurz andauern … Wir sind zwei, mein Sohn und ich, aber wir sind stärker als alle Armeen der Welt. Ich will euch jetzt keine Zeit mehr opfern, ich muss mich um Melvil kümmern, der gerade von seinem Mittagsschlaf aufwacht. Er ist erst siebzehn Monate alt; er wird seinen Nachmittagssnack essen wie jeden Tag, dann werden wir wie jeden Tag zusammen spielen, und sein ganzes Leben wird dieser kleine Junge euch beleidigen, weil er glücklich und frei ist. Denn nein, auch seinen Hass bekommt ihr nicht.[2]

Wenn ein Mensch schon imstande ist, das zu schreiben, obwohl ihm der Boden durch den Verlust seiner einzigen Liebe unter den Füßen weggezogen wurde, wie viel mehr vermag Gott den Schmerz auszuhalten, den IHM die ganze Menschheit verursacht? Dieser Gott hat für immer gezeigt, dass ER alles tun würde, sogar Grenzen überschreiten, um einen Menschen zu retten und nach Hause zu bringen. »Barmherzigkeit will ich statt Opfer« ist die neue Ankündigung Gottes durch Hosea (Hosea 6,6). Zu lange wurden Tiere als Schlachtopfer verbrannt für die Sünden der Menschen. Es musste das reinste, makelloseste sein. So war es gängige Praxis in Israel. Aber Gott hatte es satt. Das Herz SEINER Menschen änderte das nicht. Strafe und Androhung änderten nichts. Das Buch Hosea ist die große Ankündigung des Retters, der kommen soll. Jesus Christus, SEIN geliebter Sohn, wird genau das vorleben, was Gott tatsächlich will: Barmherzigkeit und Liebe, um die Menschen zurückzugewinnen.

Nur die Liebe ist dazu fähig. Und genau diese Liebe lebt Jesus vor. Auch ER überschreitet Grenzen und wird immer wieder von den Pharisäern dafür getadelt. Als SEINE Jünger an einem Sabbat Ähren abreißen und essen, wird ER als ihr Rabbi kritisiert, weil das am Feiertag verboten sei. Genauso ist es, als ER Kranke am Sabbat heilt. Sie empören sich hitzig über IHN. Wenn einer schon so lange krank ist, kommt es doch nicht mehr auf einen Tag an?! Man kann ihn doch auch einen Tag später noch heilen?! Warum brechen ER und SEINE Jünger ganz offen die Gesetze?

Hier wird die ganze Unbarmherzigkeit der Pharisäer deutlich. Wieso sollte Gott oder Jesus einen Menschen, der schon so lange krank ist, auch nur einen einzigen Tag länger leiden lassen? Wieso gönnen sie SEINEN Jüngern, die den ganzen Tag hungrig umherwanderten, nicht ein paar Ähren? Jesu Antwort ist umwerfend:»Der Sabbat wurde für den Menschen gemacht, nicht der Mensch für den Sabbat« (Markus 2,27). Kein Wunder, dass Jesus sie oft als Heuchler bezeichnete und über ihr verstocktes Herz zornig und traurig wurde (z.B. Markus 3,5). Das kann ich wirklich nachvollziehen. Gott kennt keine Grenzen, wenn es darum geht, Menschen zu heilen und zu retten. ER überrascht uns mit SEINER Liebe, SEINER Sanftmut, SEINER Barmherzigkeit.

Bewegend finde ich in diesem Zusammenhang ein Beispiel von den Altvätern in der Wüste: Ein Mönch kam zum Abt und beklagte sich, dass sein Bruder jeden Morgen im Gottesdienst neben ihm einschlafen würde. Der weise Abt sagte zu ihm: »Wenn du wirklich deinen Bruder lieben würdest, dann würdest du seinen Kopf in deine Hände legen, damit er noch besser schlafen könnte.« Wie wahr!

Füße küssen

Es ist nie verkehrt, etwas zu wagen, verrückte Dinge zu tun oder Grenzen zu übertreten, um anderen Gutes zu tun oder sie spüren zu lassen, wie gut es Gott mit uns meint. In meiner Zeit als Novizin wagte ich auch einmal etwas ganz Ungewöhnliches. Ich absolvierte ein Praktikum im Krankenhaus, das unsere Mitschwestern leiteten. Abends ging ich mit meiner Gitarre über die Stationen, sang Lieder oder betete mit den Patienten. Während eines Bibelgespräches mit einem sehr interessierten Mann kamen wir auf die Bibelstelle, wie eine Frau Jesus mit kostbarem Öl salbte und SEINE Füße küsste (Markus 14,3-9). Plötzlich schaltete sich der Bettnachbar ein. Bisher schien er sich nicht für unsere Gespräche zu interessieren.

»Das glaube ich nicht!«, brach es aus ihm heraus.

»Was glauben Sie nicht?«, fragte ich zurück.

»Na, dass jemand einem die Füße küsst.«

Als Hintergrund sollte man wissen, dass dieser Patient eine schlimme, eitrige Entzündung an den Füßen hatte, und trotz Bandagen und Decken roch es im Zimmer sehr unangenehm, was ihm natürlich peinlich sein musste. Ich zögerte keinen Augenblick, zog ihm die Decke weg und küsste ihm die Füße.

So verblüfft war er und sprachlos – es quollen plötzlich Tränen aus seinen Augen.

»Doch«, sagte ich, »es gibt jemanden, der Ihnen die Füße küsst.«

Die nächsten Tage lächelte er, wenn ich das Zimmer betrat und an seinem Bett saß, und wir verstanden uns auch ohne viele Worte. Es schien ihm deutlich besser zu gehen, und als er entlassen wurde, hinterließ er einen Blumenstrauß für mich. Ich muss gestehen, dass ich immer wieder solche verrückten kleinen Dinge tue und nie müde werde, andere zu überraschen. Ich meine, wir sollten uns sowieso mehr zutrauen, wir Christen. Mit der »großartigsten Botschaft der Welt« von einem lebendigen, menschenfreundlichen und liebenden Gott im Gepäck, der voller Mitleid und Güte ist, können wir auch die erreichen, die sich ausgegrenzt, abgeschoben und ungeliebt fühlen. Sie aufzuspüren in unserem Umfeld, ihnen die uneingeschränkte Liebe Gottes vorzuleben, indem wir uns für sie interessieren, sie annehmen, akzeptieren und sie um ihrer selbst willen schätzen und lieben. Das Buch Hosea ermutigt uns dazu. Gott ermutigt uns dazu, aber ER erspart uns dabei auch nicht einige Fragen. Zum Beispiel, was wir von Menschen mit zweifelhaftem Ruf denken. Wie wir überhaupt über andere denken und reden. Verurteilen wir sie? Steht uns das zu? Denken wir schnell gering über andere oder machen sie lächerlich? Sind wir denn selbst so rein und heilig? Leider urteilen auch wir oft nur nach dem Äußeren und schenken Gerüchten zu schnell Glauben. Wir vergessen, wie Gott jeden Einzelnen sieht: Jeder ist ein Wunder und Gott liebt jeden Menschen am allermeisten. Auch den, den wir nicht ausstehen können. Denn es ist SEIN Kind. ER verschwendet sich in SEINER Liebe bis zum Äußersten.

Und umgekehrt müssen wir uns durch Hosea fragen lassen, wie treu wir selbst unserem Gott gegenüber sind. Ob wir nicht auch gelegentlich »fremdgehen«, weil uns vieles wichtiger im Leben ist als eine tiefe, persönliche Beziehung mit IHM. Wie viel Zeit verbringen wir tatsächlich mit diesem Gott – oder sind wir eher mit den Nebensächlichkeiten unseres Alltags beschäftigt? Fühlen Sie sich ertappt? Ich schon. Aber wissen Sie, was wunderschön ist? Wir können heute, jetzt, in diesem Augenblick, neu anfangen. Wir brauchen keine Ausflüchte oder Ausreden. Gott weiß doch sowieso alles. Wir müssen uns nicht einmal mit dem schlechten Gewissen plagen, dass wir IHN vernachlässigt haben. Wir können jetzt und hier zu unserm Vater zurückkehren und uns in SEINE liebenden Arme werfen. Wer das entschieden tut, bekommt das himmlische »Überraschungsei«.

Gott, DU bist ein
verrückt Liebender.
Unaufhörlich Liebender.
Wie schaffst DU das, Gott?
Willst DU oder kannst DU
nicht von uns lassen?
Vergibst uns immer wieder!
Machst DICH klein,
schmutzig,
steigst herab
in die schmerzlichste Verachtung.

Vergib mir.
Vergib uns.
Vergib DEINER Welt
und mach uns süchtig nach
DEINER treuen Liebe.

Hat das Buch Hosea Sie auch angerührt? Sind Sie auch überrascht
von Gottes unfassbarer Liebe?
Spüren Sie die Sehnsucht Gottes
nach Ihnen? Oder sehnen Sie sich
nach einer tieferen Beziehung mit
IHM? Es ist ganz einfach, Sie sind
nur ein Gebet von IHM entfernt,
denn ER wartet am Ende dieses
Satzes auf Sie: »Komm zurück.«

Sechster Segen:

Die größte
Überraschung

Die Bibel ist voller wunderbarer Geschichten und Erfahrungserlebnisse mit Gott und ich höre nicht auf zu staunen. ER hat sich SEINEM Volk gezeigt. ER hat sich einzelnen Auserwählten gezeigt. ER hat der Welt Zeichen SEINER Gegenwart geschenkt. ER hat immer wieder eingegriffen durch Boten und Propheten und schlussendlich ist ER selbst Mensch geworden. ER kommt mit uns auf Augenhöhe. Der große Gott wird an Weihnachten persönlich. Als ich mit 18 Jahren Christin wurde, war dies die größte und für mich unfassbare Überraschung und bis heute bleibt dies für mich das aufregendste und dramatischste Geheimnis Gottes. ER ist Mensch geworden. Welch ein Wunder!

So steht's in der Bibel

Als aber die Zeit erfüllt war, sandte Gott seinen Sohn, geboren von einer Frau und dem Gesetz unterstellt, damit er die freikaufe, die unter dem Gesetz stehen, und damit wir die Sohnschaft erlangen. Weil ihr aber Söhne seid, sandte Gott den Geist seines Sohnes in unsere Herzen, den Geist, der ruft: Abba, Vater. Daher bist du nicht mehr Sklave, sondern Sohn; bist du aber Sohn, dann auch Erbe, Erbe durch Gott.

Galater 4,4-6

Wenn ich Ihnen den ältesten Text des Neuen Testamentes über Weihnachten, der von Paulus 53 nach Christus im Galaterbrief verfasst wurde, zitiere, dann nicht, um Ihnen etwas von dem Weihnachtsidyll wegzunehmen. Ich liebe Weihnachten und das Weihnachtsevangelium und ich könnte stundenlang vor dem »Bobbelchen« in der Krippe knien. Seit Jahrtausenden fallen Menschen vor diesem Geheimnis nieder und tun es den Hirten gleich. Im Text von Paulus finden wir jedoch nichts Idyllisches, nichts Kitschiges, nichts Emotionales. Auf den ersten Blick. Wir vermissen die in uns verinnerlichte Dramaturgie des Weihnachtsfestes. Die beschwerliche Reise Marias und Josefs nach Bethlehem. Die Herbergssuche und den ärmlichen Stall und das Erschrecken der Hirten über das unfassbare Licht und die froh machende Botschaft des Engels, der den Frieden und die Geburt des Retters der ganzen Menschheit verkündet.

Die Menschwerdung Gottes ist für mich einfach unbegreiflich schön.

Nichts wird berichtet von der Ankunft Gottes, wie wir es so gerne hören mögen. »Er sandte seinen Sohn, geboren von einer Frau …« Punkt.

Die Tatsache, dass Gott Mensch wurde, ist dennoch für mich unfassbar. ER wusste, wann es an der Zeit war, selbst auf dem Parkett dieser Erde zu erscheinen. Oder ER wusste keinen anderen Weg, um uns begreiflich zu machen, wie sehr ER uns nahe ist und uns liebt. Die Menschwerdung Gottes ist für mich einfach unbegreiflich schön.[3]

Als ich noch ganz frisch im Glauben war und mein erstes »christliches« Weihnachtsfest feierte, wollte ein junger Priester mir das erklären. Zuerst warnte er mich vor, dass ich nicht erschrecken solle. Sein Beispiel sei ziemlich krass. Ich war damals mächtig gespannt, was nun kommen würde. Dann legte er los: Ich solle mir vorstellen, ich würde als Ferkel auf die Welt kommen. In einem Schweinestall geboren werden und das Leben eines Ferkels führen, aber ich wüsste in meinem Inneren, dass ich ein Mensch wäre. Und dann meinte er, ich solle mir Christus vorstellen. ER wurde als Mensch geboren, lebte das Leben eines Menschen – und wir wissen ja, wozu Menschen alles fähig sind! –, aber ER wusste tief in sich drin, dass ER der Sohn Gottes ist.

Mitten ins Herz getroffen

Meine Güte, trafen mich diese Gedanken ins Herz! Sie schockierten mich zuerst, aber dann fand ich diese Vorstellung faszinierend. Und es ist ja eine Tatsache! Gott ist Mensch geworden. Ich weiß gar nicht, wie viel ich schon darüber nachgedacht und gebetet habe. Vielleicht war es deshalb keine Überraschung, dass eines meiner neun selbst komponierten Musicals »Gottes Menschwerdung« heißt und 2001 Premiere hatte. Es beginnt damit, dass eine junge Frau mit einem schwarzen Regenschirm in die Kirche kommt, sich zum Gebet niederkniet und sehr betrübt wirkt. Die Messnerin, die gerade die Blumen richtet, spricht sie an.

»Du siehst aber heute genauso niedergeschlagen aus wie dein schwarzer Schirm.«

»Ja«, antwortet sie. »Weißt du, ständig diese schrecklichen Nachrichten im Fernsehen. Gewalt und Terror. Und meine Kollegin im Büro hat mich ziemlich angefahren. Wieso lässt Gott das alles zu? Jetzt bin ich hier und bete und hoffe, dass es mir dann besser geht!«

Sie beginnt zu beten, fällt in einen Schlaf und träumt. Das eigentliche Musical beginnt. Die nächste Szene spielt im »Himmel«, und dementsprechend ist die Bühne dekoriert. An einem großen Tisch sitzen junge und alte BeraterInnen mit Jesus, dem Sohn Gottes. Alle in weißen Gewändern. Es wird beratschlagt, was zu tun ist. Immer neue und beunruhigende Nachrichten erreichen Gott von der Erde. Krieg und Terror, Missbrauch, Betrug, Lügen. Gott hat den Menschen die Freiheit gegeben, aber diese Gabe verwenden sie auf üble Weise. Sie denken nur an sich und die Kräfte des Verstandes benutzen sie, um möglichst viel für sich herauszuschlagen. Sie plündern die Natur, beuten ihre Mitmenschen aus, lachen über das Geschenk der Liebe. Sie benehmen sich hemmungslos, schamlos und schlimmer als die

Tiere. Der Mensch droht, die Welt zu zerstören, so der Bericht-erstatter. »Es muss etwas geschehen, Herr! Sie missbrauchen die Freiheit. War es richtig, dem Menschen überhaupt dergleichen zu geben?«

Die »himmlischen Berater« sollen Gott einen Vorschlag machen, wie ER eingreifen kann. Wie soll man die unmenschlichen Menschen menschlich machen? Der erste Berater schlägt vor, ER solle Gewalt einsetzen. Die Sünder seien auszurotten und dann sei Ruhe auf der Erde. Viele zweifeln, ob das das richtige Mittel sei, aber dann wird es probiert. Das Licht der Bühne geht aus und man sieht Soldaten vor der Bühne auf der Erde kämpfen und sich gegenseitig totschießen, was mit besonderen Lichteffekten ein bedrohliches Szenario ergibt. Kinder kommen und legen eine Rose auf die Opfer. Nun geht es auf der himmlischen Bühne weiter, mal gesungen, mal erzählt. Gewalt, so stellen die Berater fest, bringt nur mehr Gewalt hervor. Sie macht die Menschen nicht menschlich, sondern unmenschlich. Sie ist nicht das richtige Mittel, um Menschen zu verändern.

Der zweite Berater schlägt daraufhin vor, man solle den Menschen zehn Gebote und 365 Gesetze und Verbote geben. Denn wenn die Menschen wüssten, was sie dürften oder nicht, würden sie besser leben. »Ordnung muss her!« Kinder und Jugendliche führen dies dem Publikum in ihrer Sprache anschaulich vor Augen. Verschiedene Musikrichtungen bis hin zum Rap unterstreichen die Wirkung.

Aber das Ergebnis ist ebenso enttäuschend wie der andere Vorschlag. Nach außen halten sich viele an die Gebote, aber in ihren Herzen sind immer noch Neid und Arglist und Lüge. Auch Gesetze ändern also nur wenig. Gebote zwingen von außen, aber im Innern ist das Böse nicht überwunden. Heuchelei ist die Folge!

Der dritte Berater ist überzeugt, dass eine Belohnung Abhilfe schaffen könnte. Wenn man den Menschen verspräche, dass sie irgendwann für ihre guten Taten in den Himmel kommen, hätten sie eine lebenslange Motivation und würden fortan das Richtige tun.

Nun, es werden gute Dinge getan und es wird viel über das Jenseits gesprochen, aber viele halten es nicht durch, und das Gute tun sie nicht aus Einsicht und echter Liebe, sondern zuerst oder nur wegen der Belohnung.

Die himmlischen Berater sehen keinen Fortschritt. In ihren Herzen ändern sich die Menschen nicht. Da meldet sich der Sohn Gottes zu Wort. »Vater, ich hätte eine Idee. Einer von uns müsste zu ihnen gehen, sie verstehen, alles fühlen, alles spüren und sie ganz tief berühren. ER müsste ihnen zeigen, was ein menschliches Leben voller Liebe und Gerechtigkeit ist und dass man ohne Gewalt leben kann, wenn man so lebt, wie du es willst.«

»Aber dann dürfte ER selbst auf keinen Fall Gewalt gebrauchen«, so ein Berater, »auch dann nicht, wenn IHM selbst Gewalt angetan würde!«

Der Sohn bestätigt: »Es müsste Liebe statt Gewalt herrschen. Und die Menschen müssten von den Geboten befreit werden und den Mut bekommen, nach der Stimme des Herzens zu leben. Man müsste vor allem ihre Schuld von ihnen nehmen, damit sie wieder Vertrauen zu Gott aufbauen.«

Sogleich empören sich die anderen. »Ohne Gebote? Dann hätten wir wieder die alte Lage. Das wäre viel zu riskant. Sich den Menschen auszuliefern, käme einem Todesurteil gleich.«

Gottes Sohn aber erwidert, man müsse das Risiko auf sich nehmen, damit die Menschen begreifen, wie groß Gottes Liebe sei, und singt:

»Wenn einer keine Angst hat und lieben kann,
braucht er keine Gebote, dann ist er frei davon.
Von allem Äußeren und allem Schein,
denn die Liebe wird immer lebendig sein.«

Dem Sohn gelingt es, die Berater zu überzeugen, doch niemand will den Auftrag ausführen. Also fragt Gott, wer bereit wäre zu gehen. Der erste Berater winkt sofort ab. Jetzt habe er alles getan, um etwas zu werden, und nun soll er hinabsteigen und das alles aufgeben? Nein, das wolle er nicht. Der zweite lehnt kategorisch ab: »Ich kann nicht an die Liebe der Menschen glauben.« Der dritte und alle anderen Berater weigern sich, der menschlichen Willkür ausgeliefert zu sein, man laufe doch Gefahr, totgeschlagen zu werden. Dann erhebt sich Jesus und sagt: »Vater, mein Vater. Abba, mein Vater. Nimm mich. Ich bin ja der Erbe deines Reiches. Aber die Menschen sind mir wichtiger als alle Macht über sie. Liebe ist wichtiger als Macht. Ich will ihnen die Menschlichkeit vorleben, die du gemeint hast.«

Der Vater fragt nach: »Und was ist, mein Sohn, wenn sie dir nicht glauben und dich nicht erkennen oder dir etwas antun?«

»Deine Wahrheit ist größer als mein Leben«, antwortet Jesus. »Sende mich, ich will zu ihnen gehen und sogar für sie sterben, damit sie dich erkennen.«

Ein Engel kommt. Jesus zieht sich SEIN weißes Gewand aus und steht in T-Shirt und Jeans da. Der Engel nimmt IHN an die Hand und führt IHN die Treppe hinunter aus dem »Himmel« in die Kirche. Im Mittelgang schreitet ER in die »Welt«. Das Licht erlischt und die junge Frau, die am Anfang gebetet hat, wacht auf, strahlt plötzlich über das ganze Gesicht. Die Messnerin beobachtet die Veränderung. Was ist passiert? Da hebt die Frau ihren Regenschirm und öffnet ihn, aber das Innere des Regenschirmes ist nicht mehr schwarz, sondern es sind ein Himmel und Wolken zu sehen.

»Ich habe den Himmel offen gesehen! Gott hat schon etwas getan, ER hat SEINEN Sohn geschickt. Aber wir müssen uns für unseren Retter entscheiden und selbst etwas tun«, ruft sie und lässt die Messnerin verdutzt stehen.

Diesen Regenschirm hatte ich im Sommerurlaub im Jahr zuvor in einem Museumsshop in Chicago entdeckt. Im gleichen

Augenblick wusste ich, wie das Musical enden sollte. Es folgt noch ein wundervoller Dialog mit einem Unternehmer an einer 5 Meter hohen Leiter und die Frage, wie man in den Himmel kommen könne. Am Ende gibt es nur eine einzige Antwort: Jesus Christus als Retter anzunehmen und sich für IHN zu entscheiden. Doch dafür hat der Mann keine Zeit. Und so frage ich das Publikum, ob sie sich schon entschieden hätten. Haben Sie es schon getan?

Der größte Segen, den wir empfangen können

Niemand alleine kann sich den Himmel verdienen, mögen wir noch so fromm und aufopferungsvoll leben. Wir brauchen Jesus Christus, unseren Retter. Und das ist die gute, froh machende Nachricht des Musicals und die Botschaft der einfachen Sätze der Bibel, die ich von Paulus zitiert habe: »… damit er uns freikaufe!« Das Einzige, was wir tun müssen, ist, IHN als unseren Retter anzunehmen. Denn bei aller Mühe sind wir schwache Menschlein, behaftet mit sündigen Gedanken und Worten und Taten. Niemand macht alles richtig. Wir versagen und sündigen. Leider. Aber es gibt einen Deponieplatz für unsere Schuld. Einen heiligen Fluchtort für all unsere Sünden. Gott selbst hat ihn geschaffen. Einen glückseligen Ort für unsere Rettung. Auf Golgatha und auf den Brettern des Kreuzes. Dort hat Gott jeden Schuldzettel zerrissen. Auch Ihren. ER verzichtet auf jede Bestrafung. Wo SEIN Sohn für unsere Schuld starb, findet die große Befreiung statt. Aller Sperrmüll des Todes, aller Dreck der Sünde wird hier vernichtet. Gott fischt uns heraus aus dem Müllberg unseres Versagens. ER macht uns fähig, neu anzufangen. ER schenkt uns neues Leben und zeigt uns Perspektiven auf. Wer die große Vergebung Gottes annimmt, erlebt Befreiung in ungeahntem Maße. Er erfährt ein Angenommensein, das es ihm möglich macht, sich selbst wieder in die Augen zu schauen. Er wird fähig, seine Schuld zu erkennen, zu bekennen und dazu zu stehen. Er schöpft Kraft aus der unsagbar tiefen Liebe, die fähig macht, auch anderen zu verzeihen. Er überlässt Gott *Gott fischt uns heraus aus dem Müllberg unseres Versagens.* auch seine eigenen Schuldiger. Er verzichtet auf Rache. Er sucht die Lebensspuren in der Versöhnung. Vergebung ist das pure Leben. Sie nimmt den Stachel jeder Sünde fort. Gott will uns durch SEINEN Sohn alles vergeben.

Was für eine wundervolle, heilsame, großartige Überraschung in der Bibel! Jesus ist die größte Überraschung. ER ist der größte Segen, den wir empfangen können. Aber stopp. Das ist noch lange nicht alles.

»Er sollte uns freikaufen ... und damit wir die Sohnschaft erlangen«, schreibt Paulus (Galater 4,5). Wir sind Söhne und Töchter, Kinder Gottes! Mit allen Rechten, aber auch mit dem Auftrag, zu tun, was Jesus getan hat. Wir sollen in unserem Leben immer wieder zeigen, dass wir »neu geboren« wurden. Wir alle haben einen Auftrag. Sie auch! Ja, ja, auch Sie!

Berufen

Wurde Ihnen als Kind gesagt: »Aus dir wird nie etwas!«? Das hat sich übrigens schon Albert Einstein von seinen Lehrern anhören müssen und belegt so manche Fehleinschätzung von Pädagogen, Eltern oder Verwandten. Sind Sie auch wie Jesus in einem kleinen Kaff wie Bethlehem geboren? Hatten Sie ebenfalls kein so normales Leben wie andere, mussten Sie manche Herausforderung bestehen? Jesus hatte es weiß Gott nicht einfach. Die Ehe SEINER Eltern begann mit einer Krise. Ein stinkender Stall war SEIN Geburtsort. Kaum auf der Welt, war ER als Flüchtling unterwegs, später wuchs ER ohne eine Vaterfigur auf und lebte im Hotel Mama, bis ER fast 30 Jahre alt war, in einem umstrittenen Provinznest. »Kann aus Nazaret etwas Gutes kommen?«, heißt es in Johannes 1,46.

Sie sind also in guter Gesellschaft. Bei Jesus war damals auch nicht alles perfekt, normal oder vorhersehbar. Wir alle haben so ein kleines Bethlehemsyndrom, einen »Minderwertigkeitskomplex«, in uns. Wir trauen uns manchmal nicht zu glauben, dass Gott genau uns meint. SEIN Ruf gilt aber nicht nur den Profichristen. ER will und braucht genau Sie!

> »Wir sind berufen, Neues zu wagen.
> Wir sind berufen, Schwache zu tragen.
> Wir sind berufen zum Dienen und Teilen,
> berufen, um Herzen zu heilen.«

So heißt es in einem Lied von Julia Eva Eberwein (Musik Winnie Schweitzer & Ralf Schuon). Wir sind alle berufen. Aus uns soll die Liebe, die überquellende Liebe Jesu, in die Welt kommen. Als der Friedensnobelpreisträger Bischof Tutu zu Besuch in Deutschland war, wurde ihm ein altes Kruzifix aus Holz gezeigt. Es hing schon lange in dieser Kirche. Doch es war nicht wie alle anderen Kreuze. Der Jesus, der da hing, hatte keine Arme und keine Beine.

Der Besucher aus Afrika fragte seinen Begleiter: »Ist dieses Kruzifix kaputt? Kann man es nicht reparieren?«

Der Mann lächelte. »Nein, es ist nicht kaputt«, sagte er. »Es hängt schon seit sehr langer Zeit hier, und es ist uns sehr wichtig.«

Jetzt war der Besucher aus Afrika wirklich neugierig.

»Dieses Kruzifix erklärt, was wir hier in unserer Gemeinschaft eigentlich tun. Wir sind die Arme und die Beine Jesu. Die Kirche ist heute der Leib Christi, der in der Welt wirkt.«

Bischof Tutu schrieb nach dem Besuch: »Ohne uns hat Gott keine Augen; ohne uns hat Gott keine Ohren; ohne uns hat Gott keine Arme und keine Hände. Gott braucht uns.«

Manchmal denken wir, Gott gebraucht uns nur, wenn wir fit, gesund, jung sind oder vor Kraft strotzen, oder ER gebraucht uns erst, wenn wir super Christen sind. Wir glauben, erst wenn wir viel leisten, liebt Gott uns. Dass ER erwartet, dass wir Außergewöhnliches tun. Das Leistungsdenken beherrscht unsere ganze Gesellschaft und wir übertragen das auch gerne auf unser geistliches Leben. Doch wir überfordern uns und andere. Einmal etwas falsch gemacht, und schon wird alles infrage gestellt. Aus Bewunderung wird dann schnell Verachtung. Das Prinzip der Leistung ist oft unbarmherzig, das Prinzip von Gottes Liebe ist Barmherzigkeit.

Ich glaube, dass unser guter Gott nicht »Außergewöhnliches« von uns erwartet, sondern IHM ist es lieber, dass wir das Gewöhnliche außergewöhnlich gut vollbringen. Die kleinen, alltäglichen Dinge in Treue und Liebe tun. Dass wir in heiterer Gelassenheit als Kinder Gottes leben und uns vor allem von IHM lieben lassen. Sie glauben mir nicht? Bevor Sie irgendetwas auf dieser Welt getan haben, haben Sie alles bekommen. Alle Zuwendung, Nahrung, Liebkosung.

> Darin besteht die Liebe: Nicht dass wir Gott geliebt haben, sondern dass ER uns geliebt und seinen Sohn als Sühne für unsere Sünden gesandt hat.
>
> 1. Johannes 4,10

Gott hat uns zuerst geliebt. Wie wunderbar. Und unsere Antwort?

Nehmen Sie dieses Überraschungsei, lassen Sie sich von IHM verrückt lieben. Glauben Sie IHM, und dann gehen Sie los und verzaubern die Welt.

Jesus, DU bist die
größte Überraschung Gottes
für uns Menschen.

ER hat DICH gesandt,
dass wir, von aller Schuld
befreit,
uns in das Abenteuer
der Liebe stürzen.

Lass uns nie aufhören
andere
mit DEINER großen
Liebe zu infizieren
und dabei glücklich zu bleiben.

Haben Sie sich schon mal entschieden, Gottes größten Segen in Ihr Leben zu lassen? Haben Sie verstanden, dass Sie Jesu Arme und Beine, Augen und Ohren und SEIN Herz sein können?
Schauen Sie bewusst Menschen in die Augen, segnen Sie sie, während Sie mit ihnen sprechen. Versuchen Sie, sie so anzuschauen, als blickten Sie aus den Augen Jesu. Lassen Sie Jesus in Ihr Herz schlüpfen. Werden Sie selbst zu Jesus.
Sie haben jeden Tag Gelegenheit dazu.
Und nun los. Die Menschen hungern nach Zuwendung und Befreiung.

Lass dich berühren!

Wie unfassbar, dass Jesus aus dem Himmel zu uns Menschen herabsteigt, um uns zu zeigen, wie groß Gottes Liebe zu uns ist. Was daran so faszinierend ist: ER redet nicht nur, ER handelt und behandelt. »Gut gemacht ist besser als gut gesagt«, meinte Benjamin Franklin. Jesus macht SEINE Sache nicht nur gut, sondern ausgezeichnet und berührt bis in die tiefsten Tiefen, so wie in der folgenden für mich überraschenden Begegnung mit einem »Unberührbaren«.

So steht's in der Bibel

Jesus steigt von einem Berg herab und wie immer folgen IHM viele Menschen nach (Matthäus 8,1-4). Plötzlich taucht ein Aussätziger auf, fällt vor IHM nieder und bittet Jesus, ihn zu heilen: »Herr, wenn du willst, kannst du mich rein machen.« Jesus zögert nicht einen Augenblick, streckt SEINE Hand aus, berührt ihn und sagt ganz cool: »Ja, ich will – werde rein!« Im gleichen Augenblick wird er rein! Sagenhaft. Dann rät Jesus ihm, niemandem davon zu erzählen, sondern sich dem Priester zu zeigen und sich bei Gott zu bedanken.

Meine Güte! Mein Herz tobt. Wie gerne hätte ich Mäuschen gespielt und in die Gesichter der Anwesenden gesehen. Was mir total gefällt, ist, dass der Evangelist betont, dass Jesus von einem Berg herabsteigt. Im wahrsten Sinne des Wortes ist ER von oben herabgestiegen, und das macht diesen Sohn Gottes so betörend menschlich. Jesu Weg führt nach unten. Ganz hinunter auf die Ebene der Menschen. ER bleibt nicht bei den »oberen Zehntausend«, ER steigt noch tiefer hinab, bis zu dem staubigen Schmutz der Straße und sogar zu denen, die ganz am Rand der Gesellschaft stehen. Das lässt mein Herz springen.

Wenn jemand zur Zeit Jesu am Rande der Gesellschaft stand, dann waren es Kranke und vor allem Aussätzige. Letztere waren normalerweise sogar unsichtbar, denn sie mussten sich fernab von Dörfern und Städten verstecken. Sie galten als unrein und ihre Krankheit war Bedrohung für alle Gesunden, da ansteckend. Wegen der Seuchengefahr versteckten sie sich in Höhlen oder abgegrenzten Gebieten. Wagten sie sich hinaus, mussten sie mit einem Glöckchen in der Hand Vorübergehende warnen oder »Unrein« rufen, damit niemand sich ihnen aus Versehen näherte. Meistens machte man einen großen Bogen um sie. Umso mehr sind Aussätzigenheilungen in der Bibel etwas Außergewöhnliches. Im ganzen Alten Testament erfahren wir nur von zweien: von Mirjam, der Schwester des Mose (Numeri 12,10-16), und vom Feldherren Naaman, von dem ich am Anfang meines Buches geschrieben habe. Im Neuen Testament stoßen wir auch wieder auf zwei – diese hier und die der zehn Aussätzigen (Lukas 17,11-19). Aussatz galt zur Zeit Jesu als die schlimmste Art der Gottesstrafe. Eine Todesstrafe. Die Betroffenen waren schon tot vor dem Tod. Sozial tot, denn sie verloren mit dem Beginn der Krankheit alles, was man zum Leben braucht: Heimat, Namen, Zuwendung. Sie waren abgeschrieben und ausgestoßen aus jeder menschlichen Gemeinschaft. Das war kein Leben mehr, auch kein Überleben, sondern ein Dahinvegetieren. Dazu kamen Ekel, Abscheu und Gestank. Was noch schlimmer war: Wer krank war, war als Sünder getrennt von Gott.

Wie verblüffend ist es daher, dass dieser Aussätzige den Mut aufbringt, sich Jesus in den Weg zu stellen. Welcher Schrecken und welche Panik muss die Menschen um ihn herum wohl ergriffen haben?! Doch Jesus erschrickt nicht. ER weicht nicht zurück. ER bleibt stehen. ER schaut auf ihn und lässt ihn reden. Ausreden. »Herr, wenn du willst, kannst du mich rein machen.« Unglaublich. Heißt es in unseren Gebeten und Gebetsschreien oft nicht genau anders? »Hilf mir, Herr, mach mich gesund. Mach mich rein. Warum muss ich krank sein? Warum ich?«

»Wenn du willst …« Noch mal: gewaltig! Der Aussätzige traut

sich zu fragen, und ich staune über seinen großen Glauben: »… kannst du mich rein machen.« Nicht nur gesund will er werden, er will sogar rein sein. Er will versöhnt werden mit Gott. Und Jesus will es. ER will ihn heilen und ER will ihn retten. Und ER tut wieder etwas Verbotenes. ER streckt SEINE Hand aus und berührt den Aussätzigen. ER bricht die geltenden Tabus. ER kennt keine Berührungsängste. ER be-handelt den »Unberührbaren« und dieser spürt wieder die Wärme menschlicher Haut auf seiner Haut. Im gleichen Augenblick wird er rein. Wahnsinn! Berührung heilt an Leib und Seele: alle Isolation, alle Zeichen des Todes, alle Einsamkeit, jegliche Verzweiflung und Dunkelheit. Jesus kommt ihm ganz nahe. Er ist nicht mehr allein. Die Heilung kommt einer Erweckung gleich. Auferweckung. Auferstehung. Neues Leben. Das Reich Gottes beginnt immer dort, wo alle Macht des Bösen gebrochen wird. Wo die Todeszeichen in Lebenszeichen verwandelt werden. Jesus schenkt neue Würde und Ansehen bei Gott und den Menschen. Heilung und Versöhnung gehören hier zusammen. Deshalb schickt Jesus ihn nicht zu einem Arzt, sondern zu den Priestern, die feststellen sollen, dass er gesund ist. Das Opfer des Dankes soll er Gott schenken, und am liebsten wäre es Jesus, der Mann würde das für sich behalten. Kein großes Aufheben machen. Herrlich, unser Jesus.

Berührung heilt an Leib und Seele.

Aber wie könnte jemand schweigen, der von solch einer Krankheit geheilt wurde? Ich könnte es sicher nicht. Solch ein Wunder würde ja mein Leben komplett verändern. Meine Liebe und Dankbarkeit zu diesem Jesus wären überwältigend. Jeder, der es miterlebt hätte, könnte ebenso wenig schweigen. Was haben die Anwesenden, die live dabei waren, wohl gedacht und gefühlt? Haben sie begriffen, was ihr »Meister« da getan hat? Würden sie sich von nun an trauen, selbst Hand anzulegen? Jesus zu folgen hieße doch, nach SEINEM Beispiel zu leben!

Einsatz für die Ärmsten der Armen

Ich liebe diese Bibelgeschichte und denke voll Bewunderung an all die Christen, die seit zweitausend Jahren Kranke, Gebrechliche, Behinderte, Krüppel, Leprakranke und Hungernde behandeln und pflegen. Die anpacken und SEINEM Beispiel folgen. Keine Berührungsängste kennen und aus der Liebe heraus helfen. Ich bewundere die Ordensfrau und Ärztin Ruth Pfau, die über 50 Jahre lang leprakranke Menschen in den Elendsvierteln von Karatschi gepflegt hat. »Es war, wie wenn man seine große Liebe trifft: ein für alle Mal«, sagte sie Jahre später über den Moment, als sie ihren ersten Leprakranken traf. Aus bescheidenen Anfängen in den Slums von Karatschi wurde später eine große Klinik. 1980 wurde sie zur nationalen Lepraberaterin im Rang einer Staatssekretärin und pakistanische Ehrenbürgerin. Sie weitete ihre Arbeit nach Afghanistan aus. Sie wollte nie bekehren, sondern helfen. Angesichts des vielen Leides auf der ganzen Welt kommt einem ihre Hilfe vielleicht wie ein Tautropfen auf dem heißen Stein vor. Aber ihre Antwort lautete immer: »Vielleicht ist es unsinnig, etwas zu tun, aber nichts zu tun, wäre noch unsinniger.« Eine bewundernswerte und großartige Christin, die inzwischen mit »ihrem Meister« das ewige Leben feiert und ihre Spuren in der Welt hinterlassen hat. »Das letzte Wort wird Liebe sein. Trotz allem und in allem sind Christen der Welt dieses Zeugnis der Hoffnung schuldig.«[4]

Ja, wir sind es der Welt schuldig, uns einzumischen, die Menschen mit SEINER Liebe zu berühren und ihnen beizustehen. Lepra ist eine Krankheit der Armen. Wegen Unterernährung ist das Immunsystem geschwächt und die Bakterien gelangen in den Körper. In der Folge sterben nach und nach die Nerven ab und Gefäße verstopfen aufgrund einer Verdickung des Bluts. Infektionen werden wegen der Taubheit nicht bemerkt und können sich daher ungehindert ausbreiten. Die verstümmelten

Gliedmaßen sind eine Spätfolge nicht behandelter Entzündungen. Gerade in Ländern mit schlecht entwickelter medizinischer Infrastruktur ist die Krankheit immer noch nicht besiegt.

Nicht jeder von uns wird die Möglichkeit oder Berufung haben, nach Indien zu reisen oder sich der Ärmsten anzunehmen. Gott zeigt uns aber, wo und wie wir helfen können. Deshalb hat mich das Zitat einer ebenso großartigen Dienerin der Ärmsten, Mutter Teresa, so angerührt. Sie meinte: »Die größte Krankheit heute ist nicht die Lepra oder die Tuberkulose, sondern vielmehr unerwünscht zu sein, ohne Fürsorge und verlassen von allen. Das größte Übel ist der Mangel an Liebe und Nächstenliebe, die schreckliche Gleichgültigkeit gegenüber dem Nachbarn ...«

Auch das ist die Wahrheit. Sich unerwünscht, allein gelassen und unverstanden zu fühlen, betrifft viele Menschen. Mit allem Mitgefühl denke ich an eine ganz liebe Frau, die ich einmal besuchen konnte, als ich in der Nähe einen Vortrag hielt. Sie hatte ein Kind, das schwerst körperlich und geistig behindert war und auch noch taub. Die Ärzte hatten dem Mädchen eine Lebenschance von sechs Monaten gegeben. Als ich sie traf, war ihr »Kind« zweiundzwanzig Jahre alt. Ihre Mutter trug sie ins Wohnzimmer und zusammen saßen sie mir gegenüber auf dem Sofa. Wie innig und zart und voller Liebe sie ununterbrochen ihr Kind liebkoste und mir vorschwärmte, wie viel Kraft und Energie sie jeden Tag von ihr bekomme und wie ärgerlich sie werde, wenn jemand Fremdes sie auf der Straße oder beim Einkaufen bemitleide. »Ich habe jeden Tag den Sonnenschein zu Hause, aber Sie sehen so düster aus«, hat sie schon zurückgeantwortet. Ich war mehr als beeindruckt und konnte Gott nur loben. Demütig und ermuntert bin ich von ihr weggefahren. Wie oft sie sich rechtfertigen muss – dabei geht es ihr besser als vielen anderen.

Verletzt und allein gelassen

In meinen Vorträgen sage ich oft: »Wenn es hier in diesem Saal jemanden gibt, der das Gefühl hat, nicht geliebt zu sein – sprich mich doch bitte nachher an. Ich möchte gerne mit dir befreundet sein. Und zwar nicht nur auf Facebook.« Und ich zitiere Mutter Teresa: »›Niemand soll über diese Erde gehen mit dem Gefühl, nicht geliebt zu werden.‹«

Früher trauten sich nur wenige, aber inzwischen sprechen mich immer mehr Betroffene auf meine Einladung an und erzählen mir von ihren großen Sorgen und den Zweifeln, nicht geliebt zu sein. Oft entstehen diese durch die Art, wie sie von anderen behandelt wurden oder werden. Sie zweifeln auch, ob sie von Gott geliebt sind. Häufig erzählen sie mir das mit tränenbesetzten Augen. Ich nehme sie dann in der Regel in den Arm und schenke ihnen die wohltuende Berührung, die uns allen guttut. Eine kleine Umarmung als Beginn oft intensiver Gespräche. Das rührt mich schon sehr an.

Berührend war auch die Aussage einer jungen Frau, die mir sagte, dass sie ein Kind mit Behinderung geboren habe und seitdem nicht mehr glauben könne. Sie habe so viel Schweres mitgemacht. Aber gerade eben, während meines Vortrages, habe sie sich nach langer Zeit zum ersten Mal wieder von Gott geliebt gefühlt. Wie wunderbar! Auch sie umarmte ich.

Niemand soll über diese Erde gehen mit dem Gefühl, nicht geliebt zu werden.

Wie viele Verletzungen und Ablehnungen sind da vorausgegangen! Wie oft wurden die Betroffenen grob behandelt oder setzte ihnen das Leben hart zu. Wir alle sehnen uns danach, »gesehen« zu werden. Für jemanden von Bedeutung zu sein. Geliebt und respektiert zu werden. Zu viele stehen am Rand und werden übersehen. Wir meiden sie gerne. Wir mögen es nicht, auf der Straße angebettelt zu werden. Ein Obdachloser spricht uns an und wir haben Mitleid, aber dann setzt der Verstand ein. »Braucht er das wirklich? Wird er es nicht sowieso vertrinken?« Die Zweifel nagen an uns. Wir zögern. Jesus zögert nicht.

Dass auch ein Obdachloser dankbar ist für eine Ansprache, eine Zuwendung, erlebte ich, als ich vor meinem Studium die Ausbildung zur Altenpflegehelferin in München absolvierte. Ich wollte mit der S-Bahn gerade nach Hause fahren, als ein Obdachloser lauthals rief:

»Schwester, Schwester!«

Warum ich ihm nicht einfach zugewunken habe und weitergefahren bin, weiß ich nicht mehr. Ich ging zu ihm hin und setzte mich neben ihn auf den Boden. Er war total verblüfft. Dann fragte er mich:

»Riechst du nix?«

Oh doch, ich roch sehr viel, aber ich fragte zurück: »Hast du einen auf den lieben Gott getrunken?« Seinen überraschten, gerührten Gesichtsausdruck werde ich nie wieder vergessen. Ich unterhielt mich lange mit ihm, und am Ende verabschiedete ich mich herzlich. Kaum war ich zwei Schritte von ihm entfernt, kam ein Mann auf mich zu und drückte mir 20 DM in die Hand.

»Ach, soll das für meinen Freund sein?«, fragte ich, drehte mich um und wollte es ihm geben.

Er aber wollte es nicht nehmen. »Du hast mir heute mehr gegeben, als ich brauche!«

Ich bedrängte ihn, es dennoch anzunehmen. Aber er weigerte sich. Dann meinte er:

»Okay, wenn du mit mir essen gehst!«

Nun hatte ich den Salat. Ich half ihm seine Tüten tragen und wir setzten uns am Marienplatz auf die Bänke vor eine der bayrischen Wirtschaften. Ich bestellte Weißwürste und wir genossen sie in der Sonne. Nachdem ich später zu Hause war, ging ich allerdings erst mal duschen ...[5]

Schon lange ist das her, aber es bleibt mir unvergessen. Wir alle brauchen Zuwendung. Wir alle brauchen ermutigende Worte. Wir alle brauchen manchmal einfach nur eine Umarmung. Ja, auch wir selbst. Aber wir können sie jeden Tag auch jemand anderem schenken. Gerade denen, die uns am nächsten stehen. Denen wir tagtäglich begegnen. Aber auch denen, die uns zufällig über den Weg laufen. Denen, die allein, mittellos und obdachlos am Rande stehen oder allein sitzen, in unseren Gemeinden oder vor unseren Türen. Die ganz unten in unserer Gesellschaft sind. Überall gibt es die, mit denen der Rest nichts zu tun haben will.

Du bist mein Held!

Wie gern möchte ich allen, die sich jeden Tag um andere kümmern, zurufen:»Du bist mein Held! Du bist meine Heldin! Du bist die Hand und das Herz Jesu. Du bist SEIN Wort der Liebe. Du bist SEINE Güte und bringst neues Leben in diese Welt. Bringst Hoffnung.« Ich danke all denen, die in Hilfsorganisationen arbeiten. Allen ÄrztInnen und PflegerInnen. Allen, die sich für nichts zu schade sind. Allen, die sich für ein Projekt der Nächstenliebe engagieren. Allen, die nicht aufhören zu spenden. Allen Kindern und Schulklassen, die ihr Taschengeld sammeln oder Waffeln backen oder irgendein Projekt unterstützen, um den Ärmsten, den Kranken hier in Deutschland und auf der ganzen Welt zu helfen. Auch ich liebe es, zu helfen und zu unterstützen und mich für Benefizprojekte zur Verfügung zu stellen. Niemand muss wissen, was, wie viel und wem ich spende. Gott weiß es – das genügt.

Gerne unterstütze ich auch das Hilfsprojekt meiner eigenen Gemeinde,»Zubza – eine Brücke ins Nagaland«, das nicht nur ökumenisch ist, sondern auch von der Gemeinde und vor allem der Grund- und Mittelschule am Ort getragen wird. Wie viele Schülerinnen und Schüler, Lehrkräfte und Eltern sich daran seit Jahren beteiligen, ist wunderbar. Klasse Arbeit. Für dieses Projekt sang ich sogar vor einem Millionenpublikum bei Stefan Mross in der TV-Schlagersendung »Immer wieder sonntags« ein Lied, weil ich das Geld für Hotel und Auftritt spenden konnte. Woher mein Mut kommt, weiß ich wirklich nicht. Aber anderen großzügig zu helfen, ist meine Berufung. Denn auch unser »Verfallsdatum« kommt irgendwann. Wir werden diese Welt verlassen müssen. Doch solange ich lebe, möchte ich Gutes tun, so viel ich nur kann.

Ich stelle mir immer vor, es könnte passieren, dass mich da oben im Himmel ein Mensch anspricht und sagt: »Weil du 5 Euro gespendet hast, habe ich eine Woche lang überleben können, und ich bat Gott, mir den Menschen zu zeigen, der mich gerettet hat.« Dann werde ich Rotz und Wasser heulen, warum ich nicht gleich 10 Euro gegeben habe. Nicht jeder hat Geld übrig, aber ein Wort, ein Stück Brot, eine Umarmung vielleicht. Nicht jeder traut sich, Menschen anzusprechen. Es gibt tausend Wege, anderen dennoch Gutes zu tun. Sie zu segnen. Jeden Tag für sie zu beten. Ihnen eine Karte, eine Blume, einen Gruß hinzulegen. Nicht jeder kann Kranke pflegen, aber sie besuchen. Nicht jeder hat Gelegenheit, Strafgefangene zu begleiten, aber ich habe gehört, Pfarrer oder Sozialarbeiter, die Inhaftierte betreuen, freuen sich über eine Kaffeespende oder Zigaretten (auch wenn ich Nichtraucherin bin!), weil die Häftlinge sich diese Dinge dann nicht auf andere Weise beschaffen müssen. Meine Güte, wie viele Möglichkeiten gibt es, diese Welt ein Stück liebenswerter, ein Stück menschlicher, ein Stück himmlischer zu machen!

Wir alle können diese Welt verzaubern.

DU stellst dich
dem Tod in den Weg
und lässt den Menschen
wieder sichtbar werden.

DU hast keine Angst,
dich der Gefahr »Mensch«
auszusetzen.

DU übersiehst uns nicht.
DU berührst uns sanft.
DU heilst.

Alle Wunden.
Heile auch die unsichtbaren,
schmutzigen, versteckten
Wunden, vor denen wir uns ekeln.

Danke, Herr!

Ist es nicht köstlich, mutig, überraschend, wie Jesus den Aussätzigen wieder ins Leben holt? Müssen Sie vielleicht auch von IHM geheilt und gerettet werden? Trauen Sie sich, IHM Ihre Wunden zu zeigen?
Sie wollen selbst andere mit SEINER Liebe infizieren? Nur Mut! Es gibt viel zu tun. Wir können jeden Tag ansteckend sein, denn dieser Infekt führt zum Leben.

Achter Segen:

Jesus befreit von aller Schuld

Meine absolute Lieblingsgeschichte der Bibel möchte ich Ihnen im achten Kapitel dieses Buches erzählen. Ich mochte sie von Anfang an. Sie berührt mich immer wieder und ich bin begeistert davon, wie Jesus mit nur einem Satz eine wütende Menge verstummen lässt. Es ist die Geschichte mit der Ehebrecherin, die mich fasziniert (Johannes 8,1-11). Vielleicht wundern Sie sich darüber. Doch nicht, was passiert ist, sondern was dabei herauskommt, liebe ich so daran.

So steht's in der Bibel

Jesus geht in den Tempel, und das ganze Volk kommt zu IHM. ER setzt sich und beginnt zu lehren. Das muss in den Augen der Pharisäer bereits lästerlich gewesen sein und ihren Unmut erzeugt haben. Deshalb bringen sie eine Frau zu IHM, die beim Ehebruch ertappt worden ist. Sie stellen sie schön in die Mitte, dass alle sie sehen können, und fragen Jesus scheinheilig, was nun zu tun sei. Wenn jemand das Gesetz und alle Vorschriften kennt, dann doch wohl sie selbst. Sie wollen Jesus auf die Probe stellen. Wenn ER dieser »Meister«, dieser »Lehrer« ist, muss ER ja wissen, was zu tun ist.

Wie herrlich, dass Jesus ihnen zunächst keine Antwort gibt. ER bückt sich nur und schreibt mit dem Finger in den Sand. Wie gern hätte ich bei dieser Begebenheit Mäuschen gespielt. ER scheint wie abwesend gewesen zu sein, denn sie werden immer hartnäckiger. Sie fordern ein Wort, eine Entscheidung heraus. Aber es ist nicht irgendeine Entscheidung. Bei ihr geht es um Leben und Tod. Wie schön, dass Jesus sich Zeit lässt. Einfach klasse! Dann richtet ER sich auf. Mit dieser überraschenden, kreativen Antwort haben sie anscheinend nicht gerechnet. »Wer von euch ohne Sünde ist, werfe als Erster einen Stein auf sie.«

Als sie das hören, geht einer nach dem anderen fort, die Ältesten zuerst. Hammer! Was für ein Bild. Jesus bleibt allein mit der Frau zurück. ER richtet sich wieder auf und fragt sie, wo die anderen geblieben sind. »Hat dich keiner verurteilt?« Sie antwortet wohl ebenso überrascht: »Keiner, Herr.« Da sagt Jesus zu ihr: »Auch ich verurteile dich nicht. Geh und sündige von jetzt an nicht mehr!«

Ich könnte innerlich losjubeln. Jesus durchschaut, dass sie IHM nur eine Falle stellen wollen – da kam ihnen dieser Ehebruch gerade recht. Sie meinen wohl, dass ER jetzt nicht mehr nur reden könne von »Vergebung«, »andere Wange hinhalten« oder »Wer eine Frau auch nur lüstern ansieht, hat in seinem Herzen schon Ehebruch begangen«. Hier hat jemand ganz offensichtlich das Gesetz gebrochen. Und das gehört bestraft, wie es im Gesetz steht. Ich frage mich ja immer bei dieser Geschichte, wo der Mann ist. Ja, ja, Sie wissen schon … Zu einem Ehebruch gehören bekanntlich zwei! Komischerweise wird nur die Frau vorgeführt. Wie einsam muss sie sich da vorgekommen sein, wie verzweifelt sich gefühlt haben. Umzingelt von Richtern, einer Meute von Männern mit Steinen in der Hand, die nur darauf warten, »ihre Pflicht« zu erfüllen. Umzingelt von allen, die sich einig sind, was jetzt zu geschehen hat: Sie muss bestraft werden mit dem Tod.

Und dann passiert es. Einer steht für sie auf. *ER* steht für sie auf. Und einer tritt für sie ein. Der Sohn Gottes tritt für sie ein. Obwohl ER weiß, dass sie schuldig ist.

Wenn Jesus diese Frau, diesen Menschen, nicht verurteilt hat, wird ER auch für jede und jeden von uns einstehen. SEINE Barmherzigkeit ist die Barmherzigkeit Gottes. ER trägt Gottes DNA in sich. ER *ist* Gott. Und ER hat gezeigt, dass niemand sich verloren vorkommen muss, niemand in verzweifelter Hoffnungslosigkeit an seiner Schuld ersticken muss. Wir dürfen IHM vertrauen. Vertrauen, dass ER für uns einsteht. Nein, ER übersieht die Schuld nicht. ER kehrt sie nicht unter den Teppich. ER hasst die Sünde so wie SEIN Vater. Aber ER *liebt* den Sünder. ER sieht, wie SEIN Vater liebt, wie ER leidet um jedes Kind, um jeden, der sich verloren vorkommt, sich verloren hat, verloren ist. Sünde und Gott sind nicht kompatibel. Aber die Liebe ist es, die barmherzige, köstliche, trostvolle Liebe. »Es gibt nichts, was nicht vergeben werden könnte, und es gibt niemanden, der keine Vergebung verdient«, sagte der südafrikanische Erzbischof und Friedensnobelpreisträger Desmund Tutu.

Ich finde es interessant, wie einer nach dem anderen seinen Stein fallen lässt und den Platz verlässt.

Mit einem einzigen Satz verrät Jesus Gottes tiefstes Geheimnis.

»… werfe als Erster einen Stein.« Oh, wie sie begreifen! Sie begreifen sofort. Der, der zuerst werfen würde, müsste die Verantwortung übernehmen. Er würde quasi vor der versammelten Menge verkünden: »Ich bin ohne Schuld.« Was für eine Gotteslästerung wäre das? er könnte sich gleich neben die Frau stellen. Der Erste, der das Gerücht in die Welt setzt; der Erste, der aufwiegelt; der Erste, der anstiftet, trägt die Verantwortung.

Mit einem einzigen Satz verrät Jesus Gottes tiefstes Geheimnis. ER offenbart das Wesen der göttlichen, unaussprechlichen Liebe. Eine Liebe, die zuhört und versteht.

Worte sind härter als Steine

Wer maßt sich an, einen anderen zu verurteilen, wenn er doch selbst ein Sünder ist? Leider tun das so gut wie alle Menschen. Auch ich. Wir sind so schnell dabei, andere zu verurteilen, und übernehmen die Rolle des Richters, ohne es zu merken. Es scheint tief in uns drinzustecken, dass wir andere gerne kritisieren oder bewerten. Anscheinend liegt es uns Menschen im Blut. Wir werden jedoch tatsächlich zu »Mördern«, wenn wir bei

Rufmord mitspielen und ungeprüft Tratsch weitertragen. Auch mit bösem Gerede kann man einen Menschen sozial um die Ecke bringen. Ein Wort kann härter sein als ein Stein. Und manche Herzen sind steinhart.

Ich schäme mich für jedes Urteil, das ich über andere gefällt habe. Und ich bin mir bewusst, dass es immer gerade dann vorkam, wenn ich selbst unzufrieden oder frustriert war, das Gefühl hatte, mich rechtfertigen zu müssen, weil ich angegriffen wurde oder neidisch war. Zum Glück macht Gott mich darauf aufmerksam, wenn ich schlecht über jemand anderen denke, denn dann weiß ich, dass ich irgendwie aus der Balance geraten bin. Wenn ich andere verurteile, hat das leider oft mehr mit mir zu tun als mit den anderen. Jeder muss mal Druck ablassen, aber im Grunde schaden wir uns selber damit. Und wie aggressiv oder entsetzt reagieren wir, wenn andere das bei uns tun?

Wie dankbar bin ich Jesus, dass ER auch mich rettet, obwohl ER alle meine Schwächen, mein Versagen, meine Schuld kennt und mich dennoch liebt!

»Es ist viel schwieriger, über sich selbst zu richten, als über andere Personen zu urteilen«, sagt Antoine de Saint-Exupéry. Wie hilfreich eine solche Bibelgeschichte für den eigenen Charakter ist! Wir wissen oft so gut wie nichts über die Umstände, in denen andere leben. Nach vielen Tausenden Gesprächen in der Seelsorge bin ich vorsichtig geworden.

»De mortuis nil nisi bene« – wenn man nichts Gutes über jemanden sagen kann, sollte man lieber schweigen, besagt ein altes lateinisches Sprichwort. Wie wahr! Wie unsagbar tröstlich, dass Jesus für die Sünderin einsteht und sie rettet, obwohl ER um ihre Schuld weiß. Jesus sieht den Menschen. ER sieht SEINE Schwester oder SEINEN Bruder. ER sieht bis ins Herz. Wie dankbar bin ich Jesus, dass ER auch mich rettet, obwohl ER alle meine Schwächen, mein Versagen, meine Schuld kennt und mich dennoch liebt! Ich vertraue IHM und ich staune jeden Tag über IHN. Ja, ich liebe diese wundervolle Bibelgeschichte. Ich liebe Jesus, wie ER liebt. ER redet nicht nur davon, ER beweist SEINE Vergebung auch noch am Kreuz.

Bereit zu vergeben

Und ich liebe alle, die das ebenso tun. Wie beeindruckt bin ich von Bischof Malusi Mpumlwana aus Afrika. Er ist so ein unglaublich Liebender. Als er als Anti-Apartheid-Aktivist verhaftet und von der südafrikanischen Polizei grausam gefoltert wurde, bewirkte diese Erfahrung nicht Hass, Wut und Rache in ihm, sondern er setzte sich noch mehr gegen die Apartheid ein. Das schildert Bischof Desmond Tutu in seinem bewegenden »Das Buch des Vergebens«. Bischof Malusi vertraute Bischof Tutu an: »Während man mich folterte, bin ich zu der erstaunlichen Erkenntnis gelangt: ›Das sind Kinder Gottes, und sie verlieren ihre Menschlichkeit. Wir müssen ihnen helfen, Heilung zu finden.‹«[6]

Das Buch hat mich wirklich zum Weinen und Staunen gebracht. Vor allem weil Bischof Tutu darin beschreibt, wie heilend der Prozess der Vergebung ist:

> Solange wir nicht vergeben, sind wir nicht frei. Wir bleiben an den Menschen gekettet, der uns Schaden zufügte. Wir sind durch Fesseln der Wut und Verbitterung an ihn gebunden, wir sind Gefangene. Wenn wir unserem Schädiger nicht vergeben, hält er den Schlüssel zu unserem Glück in den Händen, ist er unser Gefängniswärter … Hassen wir andere, tragen wir diesen Hass in unserem Herzen, und er richtet bei uns selbst zweifellos noch mehr Schaden an als bei jenen, die wir hassen.[7]

Das ist einfach wahr. So ist es. Schön und hilfreich finde ich seine praktischen Anwendungen. Er rät, sich einen Stein zu suchen, der einem gut in der Hand liegt, und ihn dann einen Vormittag lang in der nicht dominanten Hand mit sich zu tragen und nicht wegzulegen. Nach ca. sechs Stunden sollte man dann aufschreiben, was einem dabei aufgefallen ist, wo er hinderlich war oder nützlich. Das Tragen des Steines soll deutlich machen, wie es mit der Bürde einer Verletzung ist, die wir mit uns herumschleppen. Noch viele weitere Tipps gibt er, wie uns so ein Stein auf dem Weg der Vergebung helfen kann. Würden wir sie beherzigen, hätten Steine wirklich eine bessere und friedvollere Aufgabe, als wenn wir sie gegen einen anderen Menschen richten.

Einfach großartig! Es gibt sie, diese leuchtenden Christen, die auch heute noch praktizieren, was Jesus uns vorgelebt hat. Wie bewundernswert das ist. Und wir regen uns manchmal über Kleinigkeiten auf und sind verärgert und nicht bereit, dem anderen zu vergeben.

Ja, wir leben in einer komplizierten Welt. Wir alle werden an anderen schuldig oder sie an uns. Wir verletzen andere und andere verletzen uns oder tun schlimme Dinge. Manche Menschen müssen Grausames erleben. Wie oft sagen mir Leute: »Ich kann das nicht vergeben« – und ganz ehrlich weiß ich nicht, ob ich selbst die Kraft oder den Mut hätte, wenn ich ein Missbrauchsopfer wäre oder gefoltert würde. Wie trostreich empfinde ich deshalb das »Gebet vor dem Vergebungsgebet« von Erzbischof Tutu:

Ich möchte bereit sein, zu vergeben,
aber ich wage nicht, darum zu beten,
dass mir diese Bereitschaft geschenkt wird,
damit du sie mir nicht schenkst,
bevor ich dafür bereit bin.
Und ich bin noch nicht bereit.
Ich bin noch nicht bereit dafür,

mein Herz zu erweichen,
ich bin noch nicht bereit,
wieder verletzlich zu sein, noch nicht bereit,
Menschlichkeit in den Augen
meines Folterers zu sehen
oder zu sehen, dass jene,
die mich verletzten, auch geweint haben.
Ich bin noch nicht bereit für die Reise,
ich bin noch nicht an dem Weg interessiert.
Ich bete das Gebet vor dem Vergebungsgebet.
Schenke mir den Wunsch, vergeben zu wollen.
Schenke ihn mir noch nicht, aber bald.«[8]

Danke für dieses Gebet, lieber Gott. Ich darf auch um Vergebung ringen, darf ehrlich mit meinen Gefühlen zu DIR kommen, muss nicht einfach einen »Schwamm drüber«-legen und die Augen verschließen. DU bist bei mir in dem Prozess und ich darf ihn gemeinsam mit DIR durchleben.

Erst mal abwarten

Die Geschichte von der Ehebrecherin motiviert mich immer wieder und sie hilft mir jeden Tag. Auch dann, wenn ich eine Entscheidung treffen muss. Jesus reagierte nicht sofort, auch wenn sie IHN noch so bedrängten. Eigentlich eine gewaltige Stresssituation. ER aber schrieb oder malte im Sand herum. Wie tröstlich! Wie beruhigend! Ich lerne: Auch ich muss nicht sofort reagieren! Nicht sofort etwas sagen, sofort etwas tun, sofort zurückschreiben.

Es gibt jeden Tag so viele Probleme zu lösen. Häufig Stress im alltäglichen Wahnsinn. Oder ich habe so viele Vortragsanfragen, dass es mir die Luft nimmt. Wieso glauben wir Menschen überhaupt, dass wir für jedes Problem eine Lösung parat haben müssen? Ist es nicht größenwahnsinnig zu meinen, wir könnten die Probleme dieser Welt lösen, statt zuerst Gott um Rat und Erkenntnis zu fragen? Jesus richtete sich erst dann auf, als ER eine kreative Lösung hatte. Und war es nicht die kreativste der Welt? »Wer von euch ohne Sünde ist, werfe als Erster einen Stein auf sie.« Das möchte ich mir zum Vorbild nehmen.

Ich wünsche mir DEINE Stärke, Herr.
DEINE Geduld.
DEINE Ruhe.
Das Richtige zu tun und zu sagen.
Barmherzig zu sein.
Es zu bleiben,
auch wenn schwierige Entscheidungen anstehen.
Wenn ich verletzt wurde.
Wenn ich mich ohnmächtig fühle.

Ich wünsche mir DEINE Liebe, Herr.
Allen Menschen gegenüber.
Auch denen, die ich nicht verstehe.
Behüte mich vor aller Überheblichkeit,
andere zu bewerten oder zu verurteilen.
Behüte mich vor jedem schlechten
oder abfälligen Gedanken,
jedem zornigen Wort.

Ich wünsche mir DEINE Freiheit, Herr.
DEINE Unabhängigkeit.
Die Gelassenheit der Liebe.
Den Mut, einzustehen für das Richtige,
einzustehen auch für andere.
Mach mich frei, zu leben,
zu lieben, zu vergeben.

Wurden Sie auch schon einmal von anderen verurteilt?
Haben Sie vielleicht selbst geurteilt? Gibt es etwas, das Sie sich nicht verzeihen können? Das Sie anderen nicht vergeben können?
Sie sind in guter Gesellschaft mit den Sündern dieser Welt.
Vertrauen Sie sich der Liebe in Person an: Jesus Christus.

Gott macht überraschende Komplimente

Es gibt eine Stelle im Neuen Testament, die mich als Frau unsagbar froh macht. Ja, sie hat mich fast vom Hocker gerissen, als ich sie zum ersten Mal bewusst gelesen habe. Die Reaktion Jesu ist umwerfend schön. Und diese Bibelgeschichte ermutigt alle Frauen dazu, mutiger und sichtbarer aufzutreten, sich entschiedener einzumischen und verschwenderischer zu lieben.

So steht's in der Bibel

Jesus ist im Haus des Simon zum Essen eingeladen (Matthäus 26,6-13). Sie lagen wohl zu Tische, wie das damals üblich war. Da platzt eine Frau mit einem Alabastergefäß voll kostbarem Salböl mitten in die Runde und gießt es über SEIN Haupt. Beim Evangelisten Lukas weint sie sogar und beginnt, mit ihren Tränen SEINE Füße zu benetzen und sie mit ihren Haaren zu trocknen. Obendrein küsst sie IHM noch die Füße und salbt sie mit Öl (Lukas 7,38). Allerhand! Ich kann mir gut vorstellen, wie ungehalten die Jünger darüber waren. Sie werden auch entsprechend deutlich: »Wozu diese Verschwendung? Man hätte das Öl teuer verkaufen und das Geld den Armen geben können.« Jesus bemerkt ihren Unwillen und nimmt die Frau in Schutz: »Warum lasst ihr die Frau nicht in Ruhe? Sie hat ein gutes Werk an mir getan. Denn die Armen habt ihr immer bei euch, mich aber habt ihr nicht immer. Als sie das Öl über mich goss, hat sie meinen Leib für das Begräbnis gesalbt. Amen, ich sage euch: Auf der ganzen Welt, wo dieses Evangelium verkündet wird, wird man auch erzählen, was sie getan hat, zu ihrem Gedächtnis.«

Halleluja, möchte ich rausschreien. Warum? Eins nach dem anderen. Die Frau traut sich nämlich, gleich mehrere Tabus zu brechen. Sie kommt in das Haus und geht in den Raum, wo die Männer essen. Frauen aßen nicht gemeinsam mit den Männern. Ja, sie platzt einfach ohne Einladung herein. Dann berührt sie

Jesus. Ein Skandal! Denn es war einfach nicht erlaubt, einen Mann öffentlich zu berühren. Aber Jesus lässt es sich gefallen. ER lässt sich SEINE Haare beträufeln, die Füße einmassieren, erlaubt ihre Küsse.

Na, wenn das kein Tabubruch ist? Man kann die Spannung geradezu durch den Bibeltext hindurch spüren. Wie unangenehm peinlich die Jünger berührt sind und welch entsetzte Blicke sie sich gegenseitig zuwerfen. Einfach köstlich. »Meine Güte, merkt die Frau nicht, dass sie stört? Jesus, warum lässt du das zu?«, hört man sie förmlich stöhnen. Dann versuchen sie wohl, die Situation mit einem typischen sachlichen Einwurf zu retten. »Wozu diese Verschwendung?« Geld, immer ein gutes Thema bei Männern. Das hat sich seit 2000 Jahren nicht geändert. »Was könnte man damit nicht alles tun? Vor allem für die Armen.« Ich will wirklich keinem Mann Unrecht tun. Damals nicht und heute nicht. Frauen denken bekanntlich anders als Männer. Beim Thema Geldausgeben scheiden sich die Geister. Etwas übrig haben und das Geld freiwillig spenden? Männer halten das Geld in den meisten Fällen lieber zusammen. Ich will das nun nicht weiter vertiefen, denn nun kommt die unfassbar schöne und überraschende Reaktion Jesu. ER nimmt die Frau mit jedem Wort in Schutz und sagt einen erquickenden und betörend ermutigenden Satz: »Lasst sie in Ruhe, sie hat ein gutes Werk an mir getan!« Wow! »Sie hat mir etwas Gutes getan!«

Wenn ich mir vorstelle, dass ich in den Himmel komme und Jesus so etwas über mich sagt … Das wäre Himmel für die Ewigkeit. Diese Frau hat dem Sohn Gottes etwas Gutes getan. Ich finde keine Stelle im Neuen Testament, wo ER das über einen Mann gesagt hat. Und ein bisschen schäbig finde ich es von den Jüngern, dass sie nicht mal ihren Namen überliefert haben. Vielleicht ahnt Jesus das schon und setzt deshalb noch einen oberdrauf. »Amen, ich sage euch: Wann auch immer dieses Evangelium verkündet wird, wird man auch erzählen, was sie getan hat.« Ja, Jesus hat dieser Frau wirklich ein Testament geschrieben.

Der Duft verschwenderischer Liebe

Jesu Worte treffen mich ins Mark. Wie freue ich mich über diese namenlose und großartige Frau! Wie bewundere ich ihren Mut! Wie beneide ich sie! Sie durfte IHN berühren. IHM ihre Ehrfurcht zeigen. Sie massierte mit dem kostbaren Öl SEINEN Kopf und die Füße und ihre Finger spürten SEINE Haut. Eine heilige, zärtliche Nähe. Sie hat IHM gutgetan. Sie hat IHM ihre Liebe gezeigt und war dabei verschwenderisch großzügig. Ist das nicht das Mindeste, das man Jesus, kurz vor SEINEM Leiden und Sterben, tun konnte? Der Duft dieser verschwenderischen Liebe bleibt ebenso erhalten wie der Duft des Nardenöles im Haus des Simon. Der ganze Raum muss davon erfüllt gewesen sein. Jesus wurde gesalbt wie einst König David.

Die wirklich große Verschwendung passiert aber kurze Zeit später. ER selbst verschwendet sich und SEINE Liebe an Menschen, die IHM nach dem Leben trachten. Der verschwenderisch liebende Gott übertrifft alles mit SEINER Hingabe an uns alle. Deshalb war es richtig, Jesus ein wenig zu verwöhnen. Sie hat es stellvertretend für die ganze Welt getan. Darüber freue ich mich unbeschreiblich.

Ich freue mich über alle Frauen (und Männer), die seit 2000 Jahren nicht müde werden, IHM zu dienen, IHM in SEINEN Brüdern und Schwestern zu dienen. Der Kirche, den Gemeinden zu dienen. Den Ärmsten zu dienen, denn ER lässt sich bei ihnen finden. Ich freue mich über alle, die nicht warten, bis sie eine Antwort bekommen. Die sich trauen zu handeln.

So eine unglaublich mutige Frau ist für mich Doraja Eberle.[9] Ihr Motto ist: »Tue etwas, dann tut sich etwas.« Die österreichische Sozialarbeiterin sah im Fernsehen die Berichterstattung vom beginnenden Krieg in Bosnien 1992. Erschüttert von den Bildern, die über die Mattscheibe flimmerten, veranlasste sie ein »Bauchgefühl«, eine »innere Stimme«, zu der spontanen Reaktion, genau dorthin an die Front zu reisen. Ihr Mann stimmte zu – er wusste, sie würde es auch ohne seine Zustimmung tun. Nur ihre Mutter war entsetzt, denn Doraja hatte zwei Kinder mit vier und zwei Jahren, die sie zuvor adoptiert hatte. Aber Doraja stieg ins Auto und fuhr los.

An einer Tankstelle kurz vor Zagreb sprach sie ein katholischer Priester an, als er das Salzburger Kennzeichen sah, und fragte sie: »Wohin sind Sie unterwegs?« Er war über ihre Absicht, an die Kriegsfront zu fahren, ebenso erschüttert wie ihre Mutter. »Sind Sie verrückt? Kommen Sie erst mal mit ins Pfarrhaus. Ich wollte morgen sowieso nach Sisak an die Frontlinie und nehme Sie mit.«

Am Abend begleitete sie Pater Alois in ein Lazarett. Eine Familie hatte ihn zu einem Verletzten gerufen. Der Mann im Krankenbett hatte keine Arme und Beine mehr – so schwer war er verwundet worden. Er hatte nur noch den Körper und den Kopf. Was Doraja aber hier an Lebensfreude und Fröhlichkeit erlebte und wie alle miteinander scherzten und herzlich lachten, als wäre es das Selbstverständlichste der Welt, berührte sie tief. Die Freude der Ehefrau, dass ihr Mann lebte, war unermesslich. »Dieser Mensch«, dachte sie erschüttert, »kann nie wieder für seine Familie sorgen. Kann nie wieder seine Frau umarmen und mit seinem Kind spielen. Er könnte sich nicht mal umbringen.«

Auf der Heimfahrt fragte sie den Priester, wie man so fröhlich sein könne, trotz dieses Schicksals. Der Priester sagte ihr, dass die Ehefrau ihn gerufen hatte, weil sie Gott danken wollte, dass ihr Mann noch lebte. Ihre Gebete waren erhört worden. Ihr Mann war zurück. Ihr Glaube war fähig, sie auch in der Zukunft zu tragen, trotz dieses Schicksalsschlags. Darauf gab Doraja für sich still ein Gelübde: »Wenn dieser Mensch ohne Hände und Füße Gott dafür danken kann, dass er noch lebt, dann werde ich mein ganzes Leben, mit zwei Händen und zwei Füßen, einem Hirn und Herz ausgestattet, mein Leben in den Dienst der Nächsten stellen.«

100 Holzhäuser in 100 Stunden

Das Leben in den Dienst der Nächsten stellen – das tat sie dann auch. Als sie am nächsten Tag die Front erlebte und den Strom der Flüchtlinge sah, war sie fassungslos. Die Menschen wurden in Turnhallen zusammengepfercht oder in Busse gequetscht. Aber viele wollten aus ihrer Heimat nicht weg. Sie wollten keine Flüchtlinge sein. Als sie zwei Tage später wieder zu Hause war, zeigte ihr Gott, was sie tun konnte. Im Fernsehen lief die Sendung »Wetten, dass…?« mit Thomas Gottschalk. Dort wettete ein Kandidat, dass er es schaffen würde, mit 100 Männern in 100 Stunden 100 Holzhäuser aufzubauen. Sofort nahm sie über das ZDF Kontakt zu dem Kandidaten auf und bat ihn: »Zeigen Sie mir bitte, wie man ein Holzhaus baut!« Er willigte ein. Ihr Gedanke dahinter: Wenn die Leute wieder Häuser hätten, bräuchten sie nicht mehr zu fliehen bzw. könnten in ihre Heimat zurückkehren.

Am nächsten Tag fuhr sie zu ihm nach Bayern und eignete sich innerhalb von vier Tagen die Grundkenntnisse des Blockhausbaus an. Weil sie aus einer Großfamilie stammte, hatte sie viele Kontakte. Sie rief überall an, Verwandte, Freunde, Bekannte und Menschen, von denen sie wusste, dass sie Geld haben, und bat sie um Spenden oder Holz für ein Haus. Der Erste, der sich meldete, war ein Bauer. Deshalb wurde ihre Organisation später »Bauern helfen Bauern« genannt.

Mit vier Häusern fuhr sie kurze Zeit später über die Grenze. Die ersten 40 Häuser baute sie selbst mit ihrem Mann und inzwischen sind über 1000 Häuser entstanden, die den Betroffenen ein Flüchtlingsdasein ersparen. 3000 Menschen konnten daraufhin in ihre Heimat zurückkehren. Bis heute weiß Doraja nicht, wie das alles funktionieren konnte – außer mit Gottes Hilfe. Sie startete eine österreichweite Hilfsorganisation und Hilfstransporte. Es lässt sich gar nicht zählen, wie viele Tonnen Lebensmittel, Decken und medizinische Versorgung sie nach Bosnien und Herzegowina, Albanien, in den Kosovo oder nach Kroatien brachte. Es waren jedenfalls über 2000 LKWs mit Hilfslieferungen – alles nur vom »Überfluss, was wir hier übrig haben«, erzählt Doraja. »Es ging nicht nur ums Frieren, es ging ums Erfrieren. Es ging nicht ums Hungern, sondern ums Verhungern. Nur eine Flugstunde von Europa entfernt.«

Mit ihrer Organisation übernahm sie auch die Betreuung der Nervenklinik Jakes in Bosnien. 400 psychisch Kranke und ihre Betreuer und Ärzte werden mit den notwendigsten Medikamenten und Lebensmitteln versorgt. Einfach unglaublich. Aber die für mich eindrucksvollste Aktion, die mich immer weinen lässt, wenn ich darüber nachdenke, war die folgende: Irgendwann wurde ihr klar: Ein Haus mit Schlüssel genügte noch nicht. Die Familien brauchten ein Tier. »Wenn du ein Tier hast, dann bleibst du.« Sie schrieb daraufhin alle Gemeinden und Bürgermeister Österreichs an: »Wetten, dass … du es schaffst, eine Kuh für Bosnien zu spenden. Es muss aber eine trächtige Kuh sein.«

Diesen Aufruf stellte sie auch ins Internet und dann ging der positive Wettstreit los, wer ein, zwei oder drei Kühe spenden konnte. Am Ende konnte ihr Verein 191 Kühe nach Bosnien bringen, mit einer einzigen Auflage: Eine Familie, zum Beispiel Kroaten, bekamen eine Kuh, mussten das Kalb aber einer anderen ethnischen Gruppe geben, also zum Beispiel einer albanischen Familie. »Das hört sich so leicht an«, sagt Doraja, »aber der Nachbar war der, der den Bruder getötet oder die Tochter vergewaltigt hatte.« Doch es funktionierte. Die Menschen gaben die Kühe »ihren Feinden«. »Du musst etwas tun, damit Menschen sich versöhnen können.« 191 Kühe halfen bei dieser Friedensmission. Ich finde das überwältigend.

Jede zweite Kuh heißt dort nun Doraja. Aus Dankbarkeit. Seit über 20 Jahren hilft die Organisation »Bauern helfen Bauern« inzwischen mit immer neuen Projekten in der Region. Wie viele Tausende Menschenleben wurden dadurch gerettet!

Ich hörte zum ersten Mal über meine liebe Freundin, der Sängerin und Autorin Déborah Rosenkranz, von den Projekten. Sie war selbst vor Ort in Srebrenica und half Häuser zu bauen und gab ein Konzert für die Menschen. Weil mein 50. Geburtstag vor der Tür stand, wusste ich gleich, was zu tun war. Meine wunderbaren »Stars Pray 4 Jesus«, Martin Pepper und Tochter Jennifer, Johannes M. Roth, Marisa und Déborah Rosenkranz, folgten meiner Einladung und gaben ein gemeinsames Konzert in der Eventhalle in Geiselwind, das ich wie bereits zu anderen Anlässen moderierte. So konnten wir 3000 Euro für ein weiteres Haus zusammenbekommen. Ich bin überzeugt, dass Jesus zu Doraja Eberle einmal sagen wird: »Diese Frau hat mir Gutes getan.«

Geld für Steine?

Im April 2019 erreichte mich wie viele andere die erschütternde Nachricht, dass es einen Großbrand in der Kathedrale von Notre-Dame gegeben hatte und das Gotteshaus weitgehend zerstört war. Und schon Stunden nach der Katastrophe verkündete Emmanuel Macron, sie werde wieder aufgebaut werden. Schnell gab es Spendenzusagen im dreistelligen Millionenbereich.

»Ist das nicht großartig?« Ach nein, das darf ich ja nicht mal denken, geschweige denn äußern. Mich schauert von den Kommentaren, die ich gelesen habe. »So eine Verschwendung! Sollte man das Geld nicht lieber den Armen geben, statt Steine zu restaurieren?« Ich hoffe, dass alle, die gegen den Wiederaufbau sind, den Armen sowieso reichlich Spenden zukommen lassen. Oder erwarten wir das nur von den anderen? Wir spenden regelmäßig für Hilfsprojekte, Patenkinder oder bei aktuellen Katastrophen. Christen tun das seit zweitausend Jahren.

Wie wäre es mit einem Kompromiss? Wir sammeln ebenso viel Geld für die Armen wie für die Kathedrale. Das hat schon einmal in Pegnitz beim Kirchturm funktioniert. Viele Leute regten sich darüber auf, warum ein Kirchturm gebaut werden sollte. Könnte man mit dem Geld nicht etwas Besseres anstellen? Schließlich wurde entschieden: Wenn genauso viel Geld für die »Armen« zusammenkäme, wie der Turm kostete, würden die Kritiker zustimmen, dass er gebaut werden könnte. Und es wurde sogar noch mehr gespendet!

Als wir 1994, kurz nach der Wende, beim Katholikentag in Dresden teilnahmen und vor 3000 Besuchern im Kulturpalast mein Musical aufführen durften, kamen wir täglich an der bis auf die Grundmauern zerstörten Dresdner Frauenkirche vorbei. Die Alliierten hatten sie im 2. Weltkrieg bombardiert. Die Steine lagen geordnet auf Regalen. Unvorstellbar schien mir, dass aus diesem Trümmerhaufen wieder eine wunderschöne evangelische Kirche in ihrer ganzen Pracht und Schönheit erstehen könnte. Doch wie viele haben dafür gespendet! Sogar Amerikaner, die die Bomber einst geflogen hatten, beteiligten sich. Ein Wahrzeichen nicht nur für Dresden. Ich liebe die Dresdener Frauenkirche und ich danke Gott und allen Beteiligten, dass sie dieses Weltkulturerbe wieder errichtet haben. Ich habe mir damals auch eine Uhr mit einem kleinen Stein darin gekauft. Eine Spende für die Wiederherstellung! Warum sollte das nicht auch bei Notre-Dame funktionieren?

Weil Gott mit SEINER Liebe verschwenderisch ist, können wir es auch sein. Aber vielleicht haben wir manchmal zu wenig Mut, etwas zu riskieren. Zu wenig Glauben und Selbstvertrauen, mit einer schon längst für gut befundenen Idee zu starten. Uns mehr zu engagieren oder überhaupt zu engagieren. Ein bisschen großzügiger zu sein. Toleranter zu sein. Vielleicht auch nur dafür, Menschen zu unterstützen, die den Mut haben, neue Wege zu gehen. Ich wünsche uns allen ein verschwenderisches Herz.

Es ist DEINE Art,
zu leben,
zu reden,
zu handeln,
die mich fasziniert.

Es ist DEIN Wesen,
das herausfordert,
aufrüttelt,
infiziert,
immer neu infiziert.

Es ist DEINE Liebe,
die ermutigt,
erfüllt,
belebt,
zum Aufbruch befreit.

Verwandle mich, Herr,
in den Menschen,
den die Welt braucht.

Ist Jesus nicht betörend anders und überraschend? Spüren Sie, wie ER nach Ihrem Herzen greift? Wie ER Sie vorsichtig, zärtlich, unaufdringlich herausfordern will?
ER lädt Sie ein, dabei zu sein. Versetzen Sie sich in die einzelnen Charaktere dieser Geschichte. In die Frau – den Gastgeber – die Jünger – in Jesus selbst. Welche Emotionen kommen in Ihnen hoch? Es ist herrlich zu verweilen, wo ER ist.

Wir dürfen selbst aktiv werden

Sind Sie inzwischen etwas infiziert, was die Überraschungen Gottes in der Bibel angeht? Oder zumindest auf den Geschmack gekommen, dass Gott immer für eine Überraschung gut ist? Doch das alles wird erst lebendig und spannend, wenn wir es in unser alltägliches Leben integrieren und im wahrsten Sinne des Wortes ausprobieren. Die Worte der Bibel sind das beste Medikament für ein gelingendes und spannendes Leben. Nur etwas müssen wir tun, damit das wirkliche Abenteuer mit Gott beginnen kann. Und das will Ihnen die folgende Bibelgeschichte ans Herz legen.

So steht's in der Bibel

In Jerusalem gab es beim Schaftor einen Teich, zu dem fünf Säulenhallen gehörten. Dieser Teich war ein Heilbad und wurde auf Hebräisch Betesda (Haus der Barmherzigkeit) genannt. In den Hallen lagen viele Kranke herum, auch ein Mann, der schon 38 Jahre lang krank war (Johannes 5,2-9).

Eines Tages kommt Jesus vorbei und stellt dem Kranken eine unvermutete Frage: »Willst du gesund werden?« Der Mann fängt an zu jammern, er habe keinen Menschen, der ihn zum Teich trage, wenn das Wasser aufwalle. »Während ich mich hinschleppe, steigt schon ein anderer vor mir hinein.« Da sagt Jesus zur Überraschung aller: »Steh auf, nimm deine Bahre und geh.« Sofort ist der Mann gesund.

Wie großartig ist das denn?! Doch was denkt sich Jesus dabei, einen Mann, der 38 Jahre lang krank war, zu fragen, ob er gesund werden will? Klingt diese Frage nicht total unsensibel in den Ohren eines Menschen, der den Großteil seines Lebens auf einer Bahre verbracht hat? Gibt es eine einzige Person auf dieser Welt, die krank sein möchte? Vor allem dauerhaft? Was befremdend anmutet, ist für mich äußerst spannend und explosiv.

Überraschend ist, dass der Mann auf diese Frage nicht reagiert. Als würden sie aneinander vorbeireden. Hat er überhaupt zugehört? Hat er überhaupt verstanden, was Jesus ihm für
eine Frage stellt? Anscheinend nicht! Denn er antwortet nicht.
Stattdessen beginnt er darüber zu jammern, dass er keine Hilfe
habe. Aber Jesu Frage ist tief und gewaltig: »Willst du gesund
werden?«

Die Frage nach dem Warum

Für die Weltgesundheitsorganisation ist Gesundheit »ein Zu-
stand des vollständigen körperlichen, geistigen und sozialen
Wohlergehens und nicht nur das Fehlen von Krankheit oder
Gebrechen«. Nach dieser Definition ist jeder Mensch krank, der
sich nicht vollständig körperlich, geistig oder sozial wohlfühlt.
Zur Zeit Jesu war der Glaube verbrei-
tet, dass Krankheit durch eigenes Ver-
schulden hervorgerufen wurde. Entweder hatte derjenige selbst gesündigt
oder seine Eltern. Die Krankheit wurde als eine Strafe Gottes angesehen,
eine Folge der Sünde oder das Werk
dämonischer Kräfte.

> *Ich weigere mich zu glauben, dass Gott Menschen mit Krankheit straft.*

Das Verständnis von Krankheit und Gesundheit von damals
kann man mit den wissenschaftlichen und medizinischen Er-
kenntnissen von heute nicht vergleichen. Natürlich ist es so,
dass unsere Psyche viel mit unserem Wohlbefinden zu tun hat
und ein Körper krank wird, wenn die Seele leidet und zu viel
Stress und Kummer ausgesetzt wird. Aber ich weigere mich zu
glauben, dass Gott Menschen mit Krankheit straft. Zum Glück
ist diese Vorstellung größtenteils überwunden. Das große »Warum gerade ich?« ist damit allerdings nicht beantwortet. Es ist

der berechtigte Schrei eines jeden Kranken. Gesunde sündigen und werden krank und Gesunde leben anständig und werden auch krank. Am Schluss sterben alle. Wir haben letztendlich keine Antwort auf das Leid. Wir haben aber einen Gott, der mitgelitten hat. Der selbst alle Schmerz- und Todeszeichen am eigenen Körper getragen hat. Das ist mein persönlicher Trost. Wobei unbestritten ist, dass wir uns selbst schaden, wenn wir sündigen. Die Folge der Sünde macht uns zu schaffen. Wir haben das Paradies verloren, aber Jesus hat uns ein für alle Mal gerettet, sodass die ewige Folge der Sünde vor Gott getilgt ist. Leid und Krankheit gehören dennoch zu unserer unerlösten Welt und wir müssen uns ehrlich fragen, inwieweit wir Anteil daran haben und ob unser persönlicher Lebensstil dazu beiträgt – wie wir zum Beispiel mit unserer Umwelt und unseren Ressourcen umgehen. Jemand, der Ehebruch begeht, muss mit den Folgen leben: massiver Vertrauensbruch, möglicherweise Scheitern der Beziehung, schmerzhafte Konsequenzen für die Kinder. Wir schaden uns selber, wenn wir lügen oder sündigen, und belasten unsere Seele. Aber wir können diese Sünde zu dem bringen, der einen Ort geschaffen hat, uns davon zu befreien. Es ist Golgatha und es sind die Bretter des Kreuzes, an dem SEIN Sohn starb. Dort hat ER jeden Schuldzettel zerrissen. Auch Ihren und meinen. ER verzichtet auf alle Bestrafung.

Warum sollte Gott uns mit einer Krankheit bestrafen, damit SEIN Sohn uns dann großzügig am Kreuz retten und heilen kann? Kein Vater und keine Mutter würden ihrem Kind absichtlich schaden wollen. Was wäre das für eine Liebe? Drohung, Strafe, Schläge haben noch nie einen Menschen freiwillig verändert. Allein die bedingungslose Liebe ist dazu imstande, wenn überhaupt.

Deshalb ist die Frage Jesu »Willst du gesund werden?« nicht nur für den Gelähmten existenziell. Sie betrifft jeden Menschen, egal ob gesund oder krank. Woran krankt unsere Welt, unsere Kirche, ich persönlich? Worunter leide ich, was raubt mir die

Gesundheit? Oh, da fällt mir und auch Ihnen sicher eine Menge ein. Und ich spüre, wie ich loslegen und Jesus vorjammern möchte, was alles in meinem Leben schiefgeht. Wie fies mich der oder jener behandelt und wer mir Unrecht getan hat. Und ich würde einige Sündenböcke finden, die für meine Misere verantwortlich sind. Ich könnte auch reichlich Gründe aufzählen für das, was mich lähmt. Oder was meine Kirche lähmt. Schon lange denke ich, dass der Grund für unsere momentane Situation ist, dass wir nicht mehr verliebt in Gott sind, die Freude am Glauben uns abhandengekommen ist. Die Missbrauchsfälle lähmen und ersticken jede Begeisterung. In manchen Gemeinden ist eine Müdigkeit, als hätte jemand den Stecker aus der Dose gezogen. Ach ja, stimmt, der »Islahm« ist schuld. Der Pfarrer ist lahm. Die Gemeinde ist lahm. Der Chor ist lahm. So sagen wir in Franken: »Der is lahm.« Nein, nein, nicht bei Ihrer Gemeinde natürlich. Ist ja klar, von der rede ich nicht. Ich könnte weiterjammern, und das ohne Punkt und Komma. Über die Politik, die Naturkatastrophen oder wie ich dieses Buch fertig bekomme, wo doch der Abgabetermin schon überschritten ist. Aber das kann ich mir und Ihnen ersparen. Jesus weiß das schon. ER sieht es jeden Tag mit an. ER kennt sogar die Ursachen und durchschaut alles. Doch SEINE Frage fordert uns auf, Eigeninitiative zu ergreifen. Uns zu fragen, was wir wirklich wollen – unabhängig von den Umständen. Was übrig bleibt, wenn wir nicht mehr länger alle anderen für unser Leid verantwortlich machen.

Was ich so wundervoll, so großartig finde, ist Jesu Antwort, die ER dem Gelähmten in unserer Bibelgeschichte gibt: »Steh auf und geh selbst.« Einfach der Hammer! Hör auf mit deinem Selbstmitleid. »Nimm deine Bahre und geh.« Der Gelähmte sehnt sich nach Veränderung, aber er lehnt jede Eigenverantwortung ab. Er macht sich von anderen abhängig. Doch nun bekommt er ganz klar von Jesus zu hören, dass er nicht das Opfer seiner Umstände ist. Immer wenn er sich selbst bemitleidet, richtet er um sich eine Mauer auf, die ihn festhält und ihm das Gefühl gibt, ein Opfer zu sein. Am Ende sitzt er in einem dunklen Loch fest und ist so passiv geworden, dass ihm jede Kraft zur Eigeninitiative fehlt. Als ob wirklich in 38 Jahren noch nie einer vorbeigekommen wäre, der ihm hätte helfen können! Vielleicht ist er inzwischen einfach verbittert und sucht die Schuld bei anderen. Aber Jesus will, dass er Eigenverantwortung übernimmt. Vor allem will ER ihn vom Kreisen um sich selbst befreien. Er soll eine andere, eine neue Sicht der Dinge bekommen. Sein negatives Denken erzeugt in ihm negative Gefühle, denn was wir denken, fühlen wir auch. Eine Spirale von permanentem Selbstmitleid nimmt ihn gefangen, am Ende kommen Depression und Lähmung dazu.

»Weißt du was? Steh auf und geh selber.« Ärgere dich nicht über andere, jammere nicht über die Umstände. Mach das Beste daraus. Und verblüffend: Der Gelähmte ist geheilt.

Aufstehen und kleine Schritte tun

»Wir stehn auf, wir stehn auf, Kirche, Kirche, hör, wir stehen auf«, heißt eine Liedstrophe in einem meiner Musicals. Und genau das tun wir seit 25 Jahren. Wir haben uns aus aller Lähmung befreit, indem wir immer wieder etwas Neues getan haben. Die Musicals, das Kinderabenteuerland, die Chöre, die Reisen, die Vorträge, die Bücher. Gott belohnt die Eigen- oder Selbstinitiative. Wir mussten nur einen ersten kleinen Schritt tun, und Gott hat uns Ideen, Kraft, Begeisterung, Freude und Mitstreiter geschenkt.

Du kennst Jesus zu wenig? Lies in der Bibel. Du fühlst dich zu unsicher, um alleine zu beginnen? Such dir Verbündete, such dir eine Gemeinde. Du tust dich schwer damit, wie alles oder nichts in deinem Leben läuft? Ändere etwas. Pack's an. Steh auf.

Du wünschst dir eine Lebensveränderung? Hör auf, dich von den Meinungen anderer abhängig zu machen. Von was bist du abhängig oder hast dich abhängig gemacht? Ganz ehrlich, wir wollen das oft nicht wahrhaben und uns nicht sagen lassen. Aber allein wir selbst sind verantwortlich dafür, wie unser Leben verläuft. Niemand anderes ist dafür da, um uns glücklich zu machen. Wir machen uns oft von anderen abhängig, weil wir Aufmerksamkeit wollen oder uns nach Liebe sehnen. Wie vielen Menschen begegne ich, die sich selbst nicht wertschätzen können! Ihr Selbstwertgefühl wurde leider auch von anderen zerstört. Sie fühlen sich wertlos, denken, etwas Bestimmtes *Gott belohnt die Eigen- oder Selbstinitiative.* nicht erreicht oder geschafft zu haben. Manche glauben, nur wenn sie etwas leisten, sind sie liebenswert. Und wenn man krank ist und nichts mehr »leisten« kann? Viele fühlen sich auch ungeliebt, weil sie zu dick, zu dünn, zu klein, zu ungebildet, zu arm, zu unbeholfen sind. Doch unser Wert als Mensch ist unantastbar. Keine gute Tat macht uns wertvoller, kein Versagen weniger wert.

Wie oft höre ich: »Gesundheit ist das Höchste«, oder: »Hauptsache, gesund!« Was für ein Quatsch. Geliebt zu sein, ist das Höchste. Ich kenne so viele tolle Menschen, die im Rollstuhl sitzen, körperliche Beeinträchtigungen haben, Hartz-4-Empfänger sind oder in sehr schwierigen Lebensumständen leben. Doch sie strahlen eine Freude und Begeisterung aus und sind mit ihrem Sein eine Wohltat. Ich kenne hingegen auch viele erfolgreiche, wohlhabende, berühmte, geizige, superfromme Menschen, die sich unerträglich aufführen und benehmen. »Willst du gesund werden?« – warum denn nicht von Jesus heilen lassen? Von diesem verrückten Virus, etwas leisten oder sein zu müssen? Warum lassen wir uns nicht lieben, von dem, der als Einziger befreit, wenn wir uns an IHN binden? Gottes Liebe verhilft zu einem nie da gewesenen Leben. Wir müssen niemandem nachlaufen, um etwas zu gelten. Wir sind einzigartig wertvoll in Gottes Augen. Einzigartig geliebt. Einzigartig geschaffen. Wir dürfen Jesu Worten vertrauen. ER kann uns heil machen und ER fordert uns auf, einen ersten Schritt zu gehen. Am besten zu IHM. In die Arme des Heilands.

JA,
und JA,
und nochmals JA!
Ich will
gesund werden,
Herr.

Ich will aufstehen
und den ersten
Schritt wagen.

Losgehen,
losrennen,
mich bewegen,
um DICH zu finden.

Ich will
mich befreien lassen,
von Schuld, Sünde,
Krankheit, Abhängigkeit,
denn DEINE Liebe
macht mich frei.

Lust auf etwas Neues? Auf eine Lebensveränderung? Okay. Ich fordere Sie auf, innerhalb von 24 Stunden einen ersten Schritt zu tun. Beten Sie jetzt, schauen Sie in die Bibel, telefonieren Sie, suchen Sie sich einen Gesprächspartner, unternehmen Sie einen Spaziergang, machen Sie einen Arzttermin aus, schreiben Sie einen Versöhnungsbrief. Egal, was Sie tun, Sie müssen es innerhalb der nächsten 24 Stunden tun, sonst tun Sie es auch übermorgen nicht und nicht nächste Woche. Es gibt keine Ausreden mehr. Sie können jeden Tag zurückkehren in Ihre Unzufriedenheit. Aber trauen Sie sich zuerst, die Freiheit des Neubeginns zu spüren. Sie sind nur einen Schritt davon entfernt.

Elfter Segen:

Gott rettet aus dem Tod

Diese Bibelgeschichte toppt alles, was ich an Jesus kenne und liebe. Sie irritiert, macht sprachlos, überwältigt und führt zu einer folgenschweren Entscheidung. Es geht darum, zu spät zu kommen und doch noch rechtzeitig da zu sein. Ja, es geht um Freundschaft und Enttäuschung, einfach um alles. Um Glauben, Hoffnung, Liebe und unserer aller Zukunft.

So steht's in der Bibel

Lazarus aus Betanien ist krank. Seine Schwestern Maria und Marta machen sich große Sorgen. Natürlich. Sie müssen Jesus viel bedeuten, denn im Bibeltext steht, dass Jesus die drei Geschwister liebte (Johannes 11,1-44). Das wird sonst eigentlich nur noch vom Lieblingsjünger Johannes berichtet. Also waren sie Freunde. Jesus war öfters bei ihnen zu Hause.

Natürlich lassen die beiden Schwestern Jesus die Nachricht zukommen, dass SEIN Freund Lazarus krank ist. An wen sollen sie sich sonst wenden? Umso überraschender ist dessen Antwort: »Diese Krankheit führt nicht zum Tod, sondern dient der Verherrlichung Gottes. Durch sie soll der Sohn Gottes verherrlicht werden.« Jesus bleibt noch zwei Tage an dem Ort, wo ER sich gerade aufhält, und erklärt erst dann den Jüngern, dass sie wieder zurück nach Judäa gehen. Diese sind überhaupt nicht begeistert, denn dort wollten die Juden IHN vor einigen Tagen steinigen. Außerdem teilt ER ihnen mit, dass SEIN Freund Lazarus nur schlafe und ER hingehe, um ihn aufzuwecken.

Die Jünger reagieren, wie wir alle wohl reagieren würden: »Na, wenn er nur schläft, wird er ja wieder gesund werden.« Aber Jesus spricht vom Tod und nicht von einem gewöhnlichen Schlaf. Umso betroffener schauen die Zwölf drein, als Jesus sie aufklärt: »Lazarus ist gestorben.« Nun, wenn das kein Schock ist! Wie irritiert müssen sie sich gefühlt haben, als ihr Meister ihnen auch noch mitteilt, dass ER sich darüber freue, dass sie nicht dort waren?! ER möchte, dass sie glauben. Ist das ein Test? Soll das eine Vorführung werden? Als Jesus endlich in Betanien ankommt, ist Lazarus schon vier Tage im Grab. Viele Menschen sind gekommen, um die Angehörigen zu trösten. In dem Moment, wo Marta hört, dass Jesus da ist, läuft sie IHM sofort entgegen. Sie will zuerst mit IHM sprechen. Man kann ihre Worte durchaus als Vorhaltung interpretieren:»Herr, wärst du hier gewesen, dann wäre mein Bruder nicht gestorben.« Aber dann spürt man doch ihren Glauben an Jesus:»Aber auch jetzt weiß ich: Alles, worum du Gott bittest, wird Gott dir geben.« Klingt nach einem Hammer-Vertrauen. Und Jesus sagt ihr:»Dein Bruder wird auferstehen.«

Man kann Marta wirklich keinen Vorwurf machen, wenn sie nun annimmt, Jesus spreche vom Jüngsten Tag. Das ist ihr Glaube. Das hat sie gelernt. Jesus aber spricht vom Jetzt und Hier. Von der Realität und sagt:»Ich bin die Auferstehung und das Leben, wer an mich glaubt, wird leben, auch wenn er stirbt, und jeder, der lebt und an mich glaubt, wird auf ewig nicht sterben. Glaubst du das?« Wow! Was für eine Frage! Bitte speichern Sie diese Frage mal im Hinterkopf ab, liebe Leserin, lieber Leser.

»Ja, Herr, ich glaube, dass du der Christus bist, der Sohn Gottes, der in die Welt kommen soll«, bekennt Marta. Dann läuft sie zurück und schickt ihre Schwester zu Jesus. Die Leute, die Maria trösten wollen, folgen ihr, weil sie denken, sie laufe zum Grab. Doch sie geht zu Jesus, fällt vor IHM auf die Knie und sagt ebenfalls weinend:»Herr, wärst du hier gewesen, dann wäre mein Bruder nicht gestorben.«

Als Jesus sie und die anderen weinen sieht, ist ER im Innersten erregt und erschüttert. Oh, wie ich diese Stelle liebe! Zum Glück ist ER wirklich ganz Mensch und das Leid SEINER Freundinnen rührt IHN zutiefst an. ER fragt nach, wo sie ihn bestattet haben. Da weint auch Jesus. Danke, Jesus, dass DU weinst!

Die herumstehenden Juden sagen:»Seht, wie lieb er ihn hatte!«< Aber einige können sich auch den folgenden Kommentar nicht verkneifen:»Wenn er den Blinden die Augen geöffnet hat, hätte er dann nicht auch verhindern können, dass dieser hier starb?« Irgendwie typisch … Solche Leute gibt es überall.

Diese Kritik lässt Jesus nicht kalt. Wie herrlich und menschlich! ER geht zum Grab, einer Höhle, die verschlossen ist. Jesus will, dass sie den Stein wegnehmen. Oje. Das sei aber keine gute Idee, er rieche doch schon, erklärt Marta. Das müsste Jesus eigentlich wissen. Aber ER wiederholt:»Habe ich dir nicht gesagt: Wenn du glaubst, wirst du die Herrlichkeit Gottes sehen?« Ich wäre sicher rot angelaufen. Ich wäre erschüttert: Wieder fragt ER nach dem Glauben.

Endlich nehmen sie den Stein weg. Und was macht Jesus? ER spricht erst mal ein Gebet:»Vater, ich danke dir, dass du mich erhört hast. Ich wusste, dass du mich immer erhörst.« Dann rechtfertigt sich Jesus vor dem Vater:»Aber wegen der Menge, die um mich herumsteht, habe ich es gesagt, damit sie glauben, dass du mich gesandt hast.« Und schließlich ruft ER mit lauter Stimme:»Lazarus, komm heraus!« Und Lazarus, der Verstorbene, kommt heraus.

Zeit, Tod und Leben

Da muss man erst einmal durchschnaufen. Was für eine Glaubensgeschichte, die mich jubeln lässt, tröstet, manchmal sogar zu einem innerlichen Luftsprung veranlasst, aber zwischendurch auch total aufregt. Ein klein bisschen sogar wütend macht. Da kommt einer ganz aufgelöst Jesus nachgelaufen und erklärt IHM, dass SEIN Freund Lazarus schwer krank sei, es schlecht aussehe und ER gebraucht werde. Die Familie bitte IHN zu kommen. Und Jesus? Seelenruhig erklärt ER, dass es überhaupt keinen Grund zur Panik gebe, da Lazarus nur schlafe und noch Zeit sei. Das Gesicht des Boten möchte ich mir gar nicht ausmalen.

Sicher hat Jesus ein anderes Zeitverständnis als wir. ER weiß und kennt die Ewigkeit. ER weiß, was der Tod ist. Deshalb bleibt ER erst mal an Ort und Stelle und überlässt den Freund seinem Schicksal. Wie hoffnungslos der Bote gewesen sein muss, als er heimkehrte und allen mitteilen musste, dass Jesus nicht komme! Dass Lazarus gar nicht tot sei, dass er nur schlafe. Wie muss diese Verweigerung die Schwestern verletzt, geschockt und die ganze Familie ins Herz getroffen haben! ER lässt den Freund im Stich. Das setzt ihrer Trauer und Verzweiflung die Krone auf. Spätestens jetzt könnte ich verstehen, dass Menschen zweifeln und sich von Gott abwenden. Wäre das nicht ein verständlicher Grund, sich gegen alles, was Jesus, Glaube und Religion bedeuten, aufzubäumen und dem Ganzen den Rücken zuzukehren? Wann, wenn nicht jetzt?

Aber Gott hat eine andere Vorstellung von Zeit, von Tod, von Leben. ER lässt sich nicht drängen, nicht festlegen, nicht manipulieren. ER schaut aus der Ewigkeit zu uns, für IHN ist »ein Tag wie tausend Jahre und tausend Jahre wie ein Tag« (2. Petrus 3,8). ER lebt nicht im Vierundzwanzig-Stunden-Takt, nach Minuten und Sekunden. ER lebt immer. ER macht keine Vetternwirtschaft mit dem Leben, bevorzugt keinen, nicht Freund und nicht Feind. Das ist SEIN Recht und es ist großartig, dass ER keinem den Vorrang gibt. ER weiß alles. ER weiß besser als wir, was jeder Augenblick bedeutet.

Und Jesus kehrt zurück. Das dürfen wir nicht übersehen. ER vertraut SEINEM Vater. Muss die Spannung auch aushalten, dass Gott ganz genau weiß, was ER tut. Oftmals können wir nicht aus SEINER Perspektive sehen – oder wollen es nicht. Wir sehen die andere, menschliche, blitzschnell zweifelnde und enttäuschte Seite. Wir sehen das grausame Leid, die bittere Krankheit, den Tod, der für uns einfach nur brutal ist und das Ende bedeutet. Und deshalb empfinden wir SEINE späte Ankunft als Ablehnung.

Glaubst du das?

Doch was passiert wirklich? Jesus stellt sich den vorwurfsvollen Fragen, der Verbitterung, der Trauer und Erschütterung der Freundinnen. ER wird so sehr davon ergriffen, dass ER mitweint. ER bleibt nicht auf Distanz, redet sich nicht heraus, sondern nähert sich ihrem Schicksal und dem unabdingbaren Los allen menschlichen Seins. Wie bewegend das ist! ER holt sie in ihrer Trauer ab und will sie weiterführen, ja, ER will sie glaubend machen. Schritt für Schritt. Während sie vom Tod sprechen, spricht ER von Leben und Auferstehung. ER kann es, ER darf es, denn ER ist die Auferstehung und das Leben selbst. Wer an Jesus Christus glaubt, wird leben und auf ewig nicht sterben. Die alles entscheidende Frage stellt ER nicht nur Marta, sondern jedem einzelnen Menschen auf dieser Erde: »Glaubst du das?«

Stopp. Nicht weiterlesen. Einatmen. Ausatmen. Nachdenken. »Glaubst du das?«

Sprechen Sie diesen Satz laut aus. Setzen Sie Ihren Namen am Ende ein. Noch einmal: »Glaubst du das,

_____?«

Wenn ja, »dann wirst du die Herrlichkeit Gottes sehen«.

Das verheißt Jesus nicht nur allen Martas, Marias und Teresas auf der ganzen Welt. Sondern auch Ihnen. Gerade Ihnen.

ER hat gewollt, dass Sie diese Worte hier lesen. Weil Sie vielleicht nie in die Kirche gehen, vielleicht nicht gläubig sind, vielleicht zweifeln, vielleicht nur Negatives mit Gemeinden,

Kirchen oder SEINEM Bodenpersonal erlebt haben. Weil Sie strenge Eltern hatten oder nur wenig Verständnis für Ihre Lebenssituation erfahren haben. Weil Sie traurig und enttäuscht vom Leben sind. Enttäuscht von Ihren Lebenspartnern, Schwiegereltern, Ihren Kindern. Enttäuscht von Gott. Weil Sie geschieden sind, sich als Außenseiter fühlen, von anderen abgelehnt werden. Weil Sie chronisch krank oder depressiv sind. Weil Sie im Gefängnis sitzen oder Ihrer Arbeit überdrüssig sind. Verbittert, zornig, gewalttätig. Weil Sie missbraucht wurden. Oder einfach nur müde sind. Vielleicht, weil Sie wie die Schwestern von Lazarus um einen geliebten Menschen trauern. Das ist alles entsetzlich schwer und bitter. Es tut mir von ganzem Herzen leid. Wie gerne würde ich Ihnen Mut zusprechen, Ihre Lebenssituation verbessern. Ich kann es nicht. Meine Worte sind zu schwach dafür. Aber *SEINE* Worte sind es nicht. Jesus verheißt Ihnen die Herrlichkeit. Und ER ruft Sie heraus: »Komm heraus. Komm heraus aus der Dunkelheit deines Lebens. Aus der Angst. Komm zu mir. Ich bin das Leben. Ich kann dir neues Leben schenken.«

Was könnte Sie bewegen, es wirklich zu tun? Sich auf das Experiment »Glauben« einzulassen? Auf IHN einzulassen? Genügt Ihnen das Zeugnis des Evangeliums nicht? Wissen Sie, wie dieser Abschnitt in der Bibel endet? »Viele der Juden, die zu Maria gekommen waren und gesehen hatten, was Jesus getan hatte, kamen zum Glauben an ihn. Aber einige von ihnen gingen zu den Pharisäern und sagten ihnen, was er getan hatte« (Johannes 11,45-46).

Komm heraus. Komm heraus aus der Dunkelheit deines Lebens. Aus der Angst. Komm zu mir. Ich bin das Leben.

Wie kann man noch zweifeln, wenn ein Verstorbener, der schon stinkt, nach vier Tagen aus dem Grab kriecht und man es mit eigenen Augen gesehen hat? Wie kann die Rettung eines Menschen weniger wichtig sein als der

Tratsch über diese Ungeheuerlichkeit, die man sofort bei den Moralbehörden melden muss? Wieso freut sich Jesus ein paar Tage zuvor, dass SEINE Jünger die Erweckung des Lazarus miterleben werden? Sind sie nicht tagtäglich an SEINER Seite? Haben sie nicht Wunder über Wunder durch IHN gesehen? Hat ER sie nicht gelehrt? Ist nicht immer genau das eingetroffen, was ER gesagt hat? Weiß Jesus, bevor ER nach Jerusalem in SEIN Sterben und SEINEN Tod zieht, dass ER den Glauben der Jünger stärken muss? Und wie kläglich benehmen sie sich dann, als es hart auf hart kommt. Sie verleugnen IHN, verstecken sich. SEINE einzigen Freunde sind nicht einmal fähig, im bittersten Moment SEINES Lebens am Ölberg auch nur eine Stunde mit IHM zu wachen. Zu einem Zeitpunkt, als ER menschliche Nähe selbst braucht, bevor ER gefangen genommen, verhört, gegeißelt und gekreuzigt wird? Wo ist ihr Glaube, als alles verloren und am Ende scheint und Jesus tot im Grab liegt?

Merken Sie, dass Glauben immer wieder geprüft wird? Dass es keine Superfrommen, Superchristen gibt? Einmal entschieden und dann für immer zweifelsfrei? Ist das nicht irgendwie beruhigend und manchmal auch ein klein wenig tröstend? Sie sind vielleicht gar nicht so weit weg von IHM. Erst als ER den Jüngern als Auferstandener erscheint und sie SEINE Wunden sehen und sogar berühren dürfen, kann die »Frohe Botschaft« nicht mehr gestoppt werden. Wünschen Sie sich auch ein Zeichen, ein Wunder, eine Begegnung, um glauben zu können? Manchmal ist Gott dazu bereit, uns eines zu schenken.

Zeichen SEINER Gegenwart

Vor kurzer Zeit erzählte mir eine Frau nach einem meiner Vorträge, dass ein Mann aus ihrer Gemeinde sich eine Maschine für einen Umbau ausleihen wollte. Er ging zu einem entsprechenden Händler. In dem Moment, als er das Haus betrat, hörte er eine innere Stimme, die ihn aufforderte: »Sag dem Händler, dass Jesus ihm beisteht.« Er war verwirrt. Wie konnte er diesem Händler mit Jesus kommen, wo er ihn doch überhaupt nicht kannte? Der muss mich doch für verrückt erklären, dachte er, wenn ich jetzt mit einer Botschaft von Jesus herausplatze.

Der Händler führte ihn durchs ganze Haus bis in die Garage, wo die Maschinen waren. Die innere Stimme wurde von Minute zu Minute heftiger und deutlicher. Schließlich nahm er sich ein Herz und sagte: »Verzeihen Sie, ich habe den Eindruck, dass ich Ihnen von Gott sagen soll, dass SEIN Sohn Jesus Ihnen beisteht.«

Der Mann schaute ihn erschrocken an und fing bitterlich an zu weinen. »Das gibt's nicht. Das gibt's nicht. Ich wollte mir heute Nacht das Leben nehmen, da ich so verzweifelt war und mich von Gott alleingelassen fühlte.«

Gott tut so etwas. Jesus tut so etwas. ER überrascht uns. Schickt uns Zeichen SEINER Gegenwart. ER lässt uns nicht im Stich, aber manchmal müssen wir bereit sein, uns auf IHN einzulassen. Niemand ist IHM gleichgültig. ER trauert mit. Wie bewegend war es für mich, als mich eine sehr liebenswerte Frau nach einem Vortrag in der Schweiz ansprach. Sie schilderte mir, dass ihr Kind zehn Tage nach der Geburt Hirnblutungen bekam. Sie mussten es Gott zurückgeben und bereit sein, die Maschinen abzustellen. Wie schrecklich! Dann erzählte sie, wie sie an einem verregneten Tag das Grab besuchte. Sie betete und sprach mit Gott. »Du kannst dir nicht vorstellen, wie grausam es ist und was es heißt, hier auf Erden ein Kind zu verlieren, auf das man sich so gefreut hat.«

Plötzlich war blauer Himmel zwischen den Wolken zu sehen und es war ihr, als hörte sie eine Stimme: »Doch, das weiß ich genau. Ich habe auch meinen Sohn verloren. Wenn man nicht an IHN glaubt, ist ER umsonst gestorben.« Sie war von diesen Worten erschüttert und ins Innerste getroffen. Darüber hatte sie so noch nie nachgedacht. Welch großen Trost hat Gott ihr geschenkt und dadurch ihren Glauben gestärkt.

Wie dankbar bin ich, im Gespräch mit so vielen Menschen Tag für Tag von solchen kleinen und großen Wundern zu erfahren. Auch mich ermutigt das immer wieder. Eine letzte Geschichte für dieses Kapitel: Eine liebe Freundin lud mich vor Kurzem zum zweiten Mal zum Frauenfrühstück ein. Nach der Geburt ihrer Zwillinge starb einer der Söhne. Sie war untröstlich, aber sie wusste sich dennoch von Gott getragen, da sie eine gläubige Christin ist. Sie bekam noch weitere Söhne. Mit 22 Jahren erkrankte einer von ihnen plötzlich an Leukämie. Ein großer Schock für die Familie. Marina schrie zu Gott und sagte IHM, dass das nicht gehe. »Du kannst mir nicht zwei Söhne nehmen. Das verkrafte ich nicht.«

Sie nahm die Bibel zur Hand und bat Gott, ihr eine Antwort zu geben. Als sie irgendwo eine Seite aufschlug, las sie: »Ich bitte nicht, dass du sie aus der Welt nimmst, sondern dass du sie vor dem Bösen bewahrst. … Ich bitte nicht nur für diese hier, sondern auch für alle, die durch ihr Wort an mich glauben« (Johannes 17,15.20). Das war die Antwort. Und sie glaubte Gott. Sie bekam einen so tiefen Frieden und große Zuversicht von Gott geschenkt, dass sie alles tragen konnte, was ihnen bevorstand. Sie sprach auch mit ihrem kranken Sohn darüber und beruhigte ihn. Auch er glaubte und sie beteten.

Am Tag, als Elija seine erste Chemotherapie bekommen sollte, wachte sie mit einer Bibelstelle aus Markus 16 im Kopf auf. Sie öffnete die Bibel und las: »Und durch die, die zum Glauben gekommen sind, werden folgende Zeichen geschehen: In meinem Namen werden sie Dämonen austreiben; sie werden in neuen Sprachen reden; wenn sie Schlangen anfassen oder tödliches Gift trinken, wird es ihnen nicht schaden; und die Kranken, denen sie die Hände auflegen, werden gesund werden« (Markus 16,17-18). Sofort schrieb sie ihrem Sohn eine Whatsapp-Nachricht: »Auch wenn du jetzt die Chemo bekommst, die ja alle kranken Zellen töten soll: Hab keine Angst. Du wirst alles überstehen, auch sorge dich nicht wegen der angedrohten Nebenwirkungen. Gott steht dir bei.«

So war es auch. Elija erholte sich. Er wurde aber mit der Prognose entlassen, dass die Krankheit wiederkommen könne und sie keinen passenden Spender hätten. Doch obwohl er keine weiteren Medikamente nahm, wurde sein Blutbild immer besser. Nach zwei Jahren teilte ihm der Oberarzt mit, dass sein Immunsystem besser als vor der Erkrankung sei und er nicht an einen Rückfall glaube. Heute ist Elija ein munterer und topfitter junger Mann. Seine Mutter erzählt es jedem, wenn sie die Gelegenheit dazu hat. Herrlich! Gott sei gepriesen! Ich staune über diese starke, mutige, tapfere, gläubige Frau. Ich staune über meinen Gott. Ich staune darüber, dass Gott auch heute Wunder tut, auch heute Zeichen schenkt.

Sie wünschen sich so ein Zeichen SEINER Gegenwart? Ich kann Ihnen helfen. ER selbst macht sich erfahrbar. Wo? Im Abendmahl! Dem Mahl der Liebe. »Und er nahm Brot, sprach das Dankgebet, brach es und reichte es ihnen mit den Worten: Das ist mein Leib, der für euch hingegeben wird. Tut dies zu meinem Gedächtnis! Ebenso nahm er nach dem Mahl den Kelch und sagte: Dieser Kelch ist der Neue Bund in meinem Blut, das für euch vergossen wird« (Lukas 22,19-20).

Jesus wusste, dass wir nicht ohne IHN sein können. Wir erleben IHN und SEINE Liebe, wenn wir an diesem Mahl teilnehmen. Es ist eine wahre Explosion. Eine Atombombe der Liebe. Wir können SEINE Kraft, SEINE Freude, IHN selbst erleben. Was für ein unfassbar großes Geschenk hat Jesus uns hinterlassen?!

Ich bin immer überwältigt davon. Überwältigt von den Worten der Bibel, Jesu Evangelium und vom Mahl der Liebe, dem himmlischen Brot als Nahrung für meine Seele. »Glaubt mir doch, dass ich im Vater bin und dass der Vater in mir ist; wenn nicht, dann glaubt aufgrund eben dieser Werke«, sagt ER in SEINEN Abschiedsreden (Johannes 14,11).

Ich will glauben, Herr.
Ich will DIR glauben.
Ich will DIR immer neu glauben.
Ich sehne mich nach diesem
unerschütterlichen, starken,
alles vermögenden Glauben.

Ich sehne mich nach DIR.
Nach DEINER Nähe,
DEINER Gegenwart,
DEINEM Beistand.

Ich sehne mich nach dem
Feuer des Glaubens,
der Funken sprüht
und ansteckt.

Schenke mir diesen Glauben.

»Glaubst du mir?«, fragt Jesus. Davon hängen die nächsten Minuten, Stunden und Ihr Leben ab. Wenn Sie sich nach einem abenteuerlichen, befreiten, froh machenden, geheilten und zufriedenen Leben sehnen, dann antworten Sie IHM. Mag die Antwort noch so zaghaft, noch so unsicher sein. ER wartet mit der Fülle der Liebe auf Sie.

Zwölfter Segen:

Gott macht sehend

Bereit für das Ziel? Bereit für den zwölften Segen? Für die zwölfte Überraschung, die ich Ihnen präsentieren möchte? Es gibt noch eine Fülle davon in der Bibel. Versprochen. Dieses Buch will Sie neugierig machen, sich auf das Abenteuer mit Gott einzulassen. ER möchte Ihnen die Freundschaft mit SEINEM Sohn anbieten. Das machte ER sogar bei jemandem, der mit Mord und Drohung gegen SEINE Jünger wütete. ER veränderte sein Leben, als ER ihm als Auferstandener erschien.

So steht's in der Bibel

Saulus war ein echter Christenverfolger. Er wollte diese unmögliche »Sekte« endlich ausrotten und holte sich sogar die Genehmigung des Hohepriesters ab, die Anhänger des neuen Weges (Apostelgeschichte 9,2) aufzuspüren, zu fesseln und nach Jerusalem zu bringen. Echt brutal. Er stand auch hinter der Ermordung des Stephanus, der gesteinigt wurde (Apostelgeschichte 8,1). Unfasslich!

Er ist gerade auf dem Weg nach Damaskus, um ein paar weitere Christen aufzuspüren, als er plötzlich von einem Licht vom Himmel umstrahlt wird (Apostelgeschichte 9,1-9). Er fällt zu Boden und hört, wie eine Stimme zu ihm sagt: »Saul, Saul, warum verfolgst du mich?« Wow!

Er antwortet: »Wer bist du, Herr?«

»Ich bin Jesus, den du verfolgst. Steh auf und geh in die Stadt; dort wird dir gesagt werden, was du tun sollst.«

Seinen Begleitern verschlägt es die Sprache – denn sie können zwar die Stimme hören, aber niemanden sehen. Ziemlich verdutzt steht Saulus wieder auf – und wohl auch etwas orientierungslos. Denn er ist plötzlich blind. Er muss sich in die Stadt führen lassen und fastet erst mal drei Tage lang.

Unfassbar! Jesus selbst erscheint ihm. Ich wäre bei einem

Licht, das vom Himmel kommt, wohl zu Tode erschrocken. Da es nur Fackeln und Öllampen zur Zeit des Saulus gab, konnte man es nicht mit einem Flutlicht verwechseln. Er hört eine Stimme und er hört seinen Namen! »Warum verfolgst du mich?« Ich muss schmunzeln, denn nach 2000 Jahren ist für uns klar, wer ihn anspricht. Für Saulus ist es das aber keineswegs. Erstens ist nur sehr wenigen Menschen das Privileg einer Gotteserscheinung in der Menschheitsgeschichte zuteilgeworden. Und zweitens glaubt Saulus nicht, dass Jesus der Sohn Gottes ist. Erst recht nicht, dass ER auferstanden ist. Als Schriftgelehrter ist er überzeugt davon, dass das alles eine Lüge ist und deshalb die Botschaft und die Botschafter mundtot gemacht werden müssen, damit das naive Volk nicht verwirrt wird. Nach seinem Verständnis kann ein Mensch nicht Gottes Sohn sein. Jesus muss daher ein falscher Prophet sein.

Verständlich aus seiner Sicht – und auch wieder nicht. Wie lange wurde der Messias schon angekündigt?! Er kannte die Schrift und er bekam mit, was Jesus getan hatte. Jedenfalls weiß ich nicht, was ich geantwortet hätte, aber sicher nicht: »Wer bist du, Herr?« Wahrscheinlich hätte ich keinen Ton rausgekriegt.

Und Jesus gibt sich ihm zu erkennen. »Ich bin Jesus.« Wie schlicht, wie ergreifend, denn SEIN Name bedeutet »Retter«. »Ich bin dein Retter, Saulus – den du verfolgst.« Zum Glück hören die Begleiter die Stimme auch und können es bezeugen. Ich finde es interessant, dass Saulus nichts mehr sagt. Gar nichts mehr. Er lässt sich führen. Lässt alles geschehen. Mal abgesehen davon, dass er nichts mehr sieht, was wohl auch für ihn ein Schock ist. Die nächsten drei Tage fastet er und betet. Er hat Zeit, über das alles nachzudenken.

Kein Zuckerschlecken

Es wird berichtet, dass Hananias, ein Jünger von Jesus, den Auftrag bekommt, zu Saulus zu gehen. Der ist nicht begeistert und diskutiert mit Jesus darüber, ob das richtig ist, denn er hat gehört, was dieser Mann den Heiligen in Jerusalem alles angetan hat. Jesus beruhigt ihn und verkündet ihm Gewaltiges: »Dieser Mann ist mir ein auserwähltes Werkzeug: Er soll meinen Namen vor Völker und Könige und die Söhne Israels tragen.« Wie cool ist das denn! Aber ER sagt auch: »Ich werde ihm zeigen, wie viel er für meinen Namen leiden muss.«

Ich möchte Sie nicht erschrecken, lieber Leser oder liebe Leserin, aber Jesus nachzufolgen, ist kein Zuckerschlecken. Hananias geht zu Saul und sagt: »Bruder Saul, der Herr hat mich gesandt, Jesus, der dir auf dem Weg, den du gekommen bist, erschienen ist; du sollst wieder sehen und mit dem Heiligen Geist erfüllt werden.« Großartig, denn nun passiert etwas Wunderschönes!

Jesus nachzufolgen, ist kein Zuckerschlecken.

»Sofort fiel es wie Schuppen von seinen Augen und er sah wieder; er stand auf und ließ sich taufen.« Halleluja, könnte ich singen. Es fällt ihm wirklich wie Schuppen von den Augen. Er war blind vor Wut über Jesus und SEINE Jünger. Die frohe Nachricht der Auferstehung erschütterte seinen Glauben und er bekämpfte das Christentum mit allem, was ihm zur Verfügung stand. Er wehrte sich gegen alles, was Jesus gesagt und getan hatte. Er hasste diese Botschaft, weil sie die Mauern seines festgefahrenen Bildes von Gott zu zerbrechen drohte. Gott musste so sein, wie er es von Kindheit an gelernt und studiert und verkündet hatte. Da gab es feste Regeln, Gesetze, Vorschriften. Wenn man die erfüllte, war man in den Augen Gottes ein rechtschaffener Mann. Er war fanatisch geworden, weil er Angst hatte. Angst, dass seine feste Glaubensüberzeugung zerstört werden könnte, dass kein Mensch sich zu Gott machen dürfe. Das durfte, das konnte nicht möglich sein.

Doch nun wird er durch Handauflegung mit dem Heiligen Geist erfüllt. Mit dem Beistand, den Jesus verheißen hat. Als ER zu SEINEM Vater ging, blieben wir nicht alleine zurück. Durch den Heiligen Geist kann Saul die Wahrheit sehen, die Wahrheit erkennen. Zum ersten Mal in seinem Leben sieht er ein, dass er falschgelegen hat. Dass er blind war für das, was Gottes Wille war. Dass dieser Gott anders ist. Überraschend anders. Dass Jesus lebendig ist. Das pure Leben. Dass ER der Sohn Gottes ist. SEIN eingeborener Sohn.

Die einzige Konsequenz nach dieser Erkenntnis ist es, sich taufen zu lassen. Nochmals halleluja. Nach einigen Tagen zieht er – jetzt unter dem Namen Paulus – los in die Synagogen und verkündet Jesus, den Auferstandenen. Er wird zum größten Missionar des Christentums, gründet Gemeinden und bringt die Botschaft in die damalige Welt bis nach Rom, wo er für Jesus stirbt. Dass die Juden gar nicht begeistert sind, dass ausgerechnet der größte Verfolger zum Verkünder wird, ist fast verständlich. Sie wollen ihn töten – so wie er selbst einst alle Christen ausrotten wollte.

Ist das nicht unglaublich überzeugend? Jesus macht ihn zum Werkzeug SEINER Liebe. Aus Saulus wird Paulus. Es lohnt sich, seine Abenteuer in der Apostelgeschichte und seinen Briefen im Neuen Testament nachzulesen! Atemberaubend!

Achtung: gefährlich!

Sie zögern noch? Beten Sie zum Heiligen Geist. Klar, ER ist unsichtbar und deswegen nicht gleich erkennbar. In der Bibel taucht ER als Taube bei der Taufe Jesu auf. Aber für gewöhnlich ist ER SEINEM Wesen nach unsichtbar. Im biblischen Urtext wird ER im Hebräischen als »Ruach« oder im Griechischen als »pneuma«: Hauch, Luft oder Wind, bezeichnet. Jesus haucht die Jünger nach SEINER Auferstehung an und lässt sie so den Heiligen Geist empfangen. ER kann eine sanfte Brise sein oder ein Sturm wie an Pfingsten.

ER wird nicht irgendein Freund für Sie sein. ER wird Ihr bester Freund werden.

ER befähigt die Jünger, in vielen Sprachen zu reden, obwohl sie diese nie gelernt haben. ER ist der Atem Gottes und hat SEINEN Platz eingenommen hier auf Erden. ER kann in jedem Menschen wohnen, wenn man IHN einlädt. ER verschenkt Gaben, die dabei unterstützen sollen, Jesus nachzufolgen oder zu dienen. ER erleuchtet und reinigt und heilt, tröstet, öffnet, erfüllt, belebt, erfrischt, kühlt oder wärmt und wirkt auch heute noch Wunder. Es ist gefährlich, um den Heiligen Geist zu beten. Ja, Sie haben richtig gelesen. Es ist gefährlich, denn was ist, wenn ER kommt? Für gewöhnlich kommt ER, wenn man ehrlich nach IHM ruft. ER wirkt durch Menschen. ER wirkt in der Schöpfung. Wenn wir IHN in uns wirken lassen, werden wir aktiver, entschiedener, freier, kreativer, mutiger. Wir werden im Innern heiliger, demütiger, fröhlicher. Wir lesen die Bibel und verspeisen ihre Worte wie köstliche Nahrung, auch wenn wir manches erst verdauen müssen. Wenn wir mit dem Heiligen Geist beten, sind wir inspiriert und wachsen an Erkenntnis und geistlicher Intelligenz.

Klingt das nicht vielversprechend? Das alles kann der Heilige Geist bewirken. Aber das Schönste, das ER bewirkt, ist, dass wir einen Zugang zum Herzen Jesu bekommen. Wir werden Freunde Jesu. Diese Freundschaft ist die große Einladung Gottes an uns. ER wird nicht irgendein Freund für Sie sein. ER wird Ihr bester Freund werden.

Haben Sie gute Freunde? Was gibt es Schöneres, als mit einem Menschen durchs Leben zu gehen, der mit Ihnen weint und lacht und leidet? Der da ist, wenn Sie einsam sind? Der da ist, wenn alle Sie ablehnen und verurteilen? Der da ist, wenn Sie Dummheiten getan oder gesündigt haben? Der da ist, wenn Sie krank und einsam sind? Der da ist, wenn Sie laut und unausstehlich sind? Der da ist und an Ihrer Seite bleibt, wenn Sie jammern, klagen und sich im Selbstzweifel aufgeben wollen?

ER wird Sie niemals verlassen. Niemals. Ihr Leben wird reifer und tiefer und bewusster. In SEINER Nähe hört alle Oberflächlichkeit auf, Sie lernen zu unterscheiden, was wichtig und unwichtig ist, lösen sich von Abhängigkeiten, erstarken im Charakter.

Das Abenteuer beginnt

Ich werde nie die Osternacht vergessen, als ich als Zwanzigjährige getauft wurde. Seit einiger Zeit kam es mir vor, als wäre ich gefangen in einer anderen Haut. Am liebsten hätte ich den Reißverschluss geöffnet und wäre hinausgestiegen. Ich wollte das alte Leben loswerden, obwohl es von außen betrachtet nicht schlecht gewesen war. Ich war eine lebenslustige und erfolgreiche Sportlerin gewesen. Doch nach der Taufe wurde mein Leben zu einer Symphonie. Paulus schreibt im Brief an die Galater 3,27: »Denn ihr alle, die ihr auf Christus getauft seid, habt Christus angezogen.« Genau so ist es. Ich habe Christus angezogen. Ich bin ein Kind Gottes, eine Tochter Gottes. Ich gehöre Jesus. Mein Pfarrer sagte mir: »Gott sagt auch zu dir so wie damals zu Jesus: Du bist meine geliebte Tochter.« Oh, ich brauchte mir das nicht vorzusagen oder einzureden. Es war genau so. Vor Freude habe ich nichts sehen können, drehte mich zur Gemeinde um und rief laut: »Ich werde ewig leben, und ihr könnt hier einfach so sitzen?« Alle fingen zu klatschen an. Danach wurde ich gefirmt. Mir wurde die Hand auf den Kopf gelegt und ich wurde mit

Chrisamöl auf der Stirn bekreuzigt und gesalbt mit den Worten: »Sei besiegelt durch die Gabe Gottes, den Heiligen Geist.« Und ja, es war für mich wie ein Brandzeichen. Der Heilige Geist wird mich nie wieder verlassen, wenn ich IHN nicht fortstoße. Ich bin eine Schwester Jesu. Zur Freiheit hat mich Christus befreit (Galater 5,1).

Mein Lieblingsgebet habe ich Ihnen im ersten Kapitel bereits verraten. Es lautet: »Komm, Heiliger Geist«, und ich bete es ständig. Zum Beispiel als ich vor der 100 000-Euro-Quizfrage bei Jörg Pilawa saß oder bei meiner Abiprüfung – da hatte ich es sogar auf einem Zettel dabei. Der Lehrer fragte mich, was das denn für ein Papier sei, und ich antwortete: »Mein Spickzettel.« Er kam sofort alarmiert an meinen Tisch – aber es stand ja »nur« das Gebet zum Heiligen Geist darauf! Er hat ihn mir nicht weggenommen. Beide Male hat das Gebet mir geholfen und es hat mir schon so oft geholfen. Nach 35 Jahren als Christ-Kind bin ich immer noch glücklich, immer noch beGeistert, immer noch verliebt. Jesus ist mein Freund und ich darf SEINE Freundin sein. Es gibt für mich keine größere Freundschaft auf dieser Erde.

Verzeihen Sie, wenn ich Sie in den nächsten Worten duze. Nicht aus Mangel an Respekt, sondern weil es für Sie ganz persönlich ist:

Jesus möchte auch dein Freund sein. ER schaut dich mit so liebenden Augen an wie sonst niemand. ER sieht diesen wunderbaren, einzigartigen Menschen in dir. Diese kostbare Frau, diesen kostbaren Mann. ER sieht deine wahre Schönheit, den Zauber deines Wesens. All das Gute, das in dir steckt. In SEINEN Augen bist du wunderschön. Eine herrliche Schöpfung Gottes. ER sieht dich voller Zärtlichkeit an, voller Staunen, voller Erbarmen und ist überwältigt von dem Geschenk, das du für diese Welt bist.

Ich weiß, dass manche nun »Oje!« denken. Wenn Schwester Teresa wüsste, wie ich aussehe oder wie ich bin oder was ich hinter mir habe oder wie schrecklich ich sein kann, würde sie diese Zeilen nicht schreiben. Aber keine Sorge!

Vor *SEINEM* Blick brauchst du dich nicht zu fürchten. ER sieht so viel mehr in dir, als du selbst sehen kannst. ER sieht, mit welcher Liebe du entstanden bist. ER berührt ganz sanft deine Seele. ER tastet vorsichtig die Narben deines Lebens ab. ER weiß genau, woher sie rühren, wer sie in dir hinterlassen hat. ER fürchtet sich nicht vor dem, was ER sehen könnte. Nicht vor dem, was du vielleicht verbergen und dir selbst und niemandem sonst eingestehen möchtest. ER stört sich nicht an deinen Zweifeln, deiner Wut, nicht mal an deiner Sünde. ER weiß alles und ER war immer dabei. Als du einsam warst oder in deinem Schmerz ertrunken bist. Als du dich allein oder im Stich gelassen fühltest. Im dunkelsten Moment war ER da und ER wird bei dir sein in deiner Todesstunde. Du bist in IHM geborgen. Du darfst dich fallen lassen in SEINER Güte. Was immer auch schiefgegangen ist, was immer dein Herz bedrückt, was man dir einzureden versucht, vergiss nie: In *SEINEN* Augen bist du wertvoll. Du bist geliebt, gewollt und die Welt wäre ärmer, wenn es dich nicht gäbe. Du bist das Kostbarste, was Gott hat.

Bald ist dieses Buch zu Ende. Sie werden es schließen, zur Seite legen, in ein Regal stellen oder es jemandem ausleihen. Möglicherweise schauen Sie nie wieder hinein, vielleicht lesen Sie aber doch noch mal das eine oder andere Kapitel durch. Ich wollte Ihnen anhand meiner liebsten Bibelgeschichten Mut machen, sich auf diesen liebenden und nach Ihnen verrückten Gott einzulassen. Wollte Ihnen zeigen, dass ER nicht der unantastbare, unsichtbare und ferne Gott ist. ER ist ein Gegenüber. Lebendig. Sie dürfen mit allem zu IHM kommen und sogar mit IHM handeln. Wenn Sie sich auf das Abenteuer einlassen, werden Sie verrückt vertrauen müssen. Sie verlieren vielleicht Ihre aufgebaute Sicherheit, dafür bekommen Sie das Beste, was Ihnen das Leben bieten kann: SEINE Nähe und Unterstützung. Sie werden erleben, dass es keine Grenzen SEINER Liebe gibt und dass ER

Sie gebrauchen kann. Vielleicht fordert ER Sie sogar dazu heraus, sich mit Menschen einzulassen, an die Sie im Traum nicht gedacht hätten. Die am Rand der Gesellschaft oder im Abseits stehen. Sie werden möglicherweise vorsichtiger darin, andere zu be- und verurteilen, und fangen an, mehr Verständnis für Andersdenkende oder Anderslebende aufzubringen. Sie bringen manches in Ihrem Leben in Ordnung. Ja, Sie werden aktiv und trauen sich mehr zu. Sie stehen auf, gehen los, jammern seltener und versuchen das Beste aus Ihrer Situation zu machen. Ändern womöglich Ihren Lebensstil. Sie lassen sich auf das Experiment »Glauben« ein. Strecken dem Auferstandenen Ihre Hand entgegen. Wagen Freundschaft mit Jesus. Machen ernst. Wenn Sie schon gläubig sind, lassen Sie sich vielleicht neu erfrischen aus der Quelle der Bibel. Beten wieder mit neuer Überzeugung und Erwartung. Strecken sich neu nach dem aus, was Gott für Sie bereithält.

Dafür brauchen Sie keine Überraschungseier mehr. Gott wird Sie jeden Tag überraschen und Ihnen die Kraft geben, ans Ziel zu kommen. In SEINE Arme, in SEINEN Himmel. In die Zukunft ewiger Liebe. Das wünsche ich Ihnen von ganzem Herzen.

Ihre Schwester Teresa Zukic

DU musst mir nicht erscheinen.
Den Himmel spektakulär öffnen.
Feuerzungen über mich regnen lassen,
Wasser zu Wein verwandeln
oder andere Wunder tun.
Das wünsche ich mir nicht.

Aber jeden Tag,
jeden Tag
mich wissen lassen,
dass DU da bist.
Mir Kraft und Mut zum Glauben geben
und den Trost, den ich brauche,
auch dann nicht zu verzagen,
wenn schwere Stunden kommen.

Lass mich einfach verliebt in DICH bleiben
und mit meinem kleinen Leben
das Leben anderer verzaubern.

Was wünschen Sie sich von IHM?
Was es auch ist, ich bete dafür,
dass ER es Ihnen gibt.
Lassen Sie sich auf IHN ein. Sie haben nichts zu verlieren. Sie können
nur gewinnen. Eine Liebe für die
Ewigkeit. Den Beginn einer wunderbaren Freundschaft!

Anmerkungen

1   Fromm, Erich (2005): Die Pathologie der Normalität, Zur Wissenschaft vom Menschen, Ullstein Verlag.

2   Siehe auch: Leiris, Antoine (2016): Meinen Hass bekommt ihr nicht, blanvalet.

3   Siehe auch Zukic, Teresa (2016): Von der Zärtlichkeit Gottes, Herder Verlag.

4   Pfau, Ruth (2001): Das letzte Wort wird Liebe sein, Ein Leben gegen die Gleichgültigkeit, Herder Spektrum.

5   Siehe auch Zukic, Teresa (2019): Na toll, lieber Gott, St. Benno Verlag.

6   Desmond und Mpho Tutu: Das Buch des Vergebens. Wie Opfer und Täter einander verzeihen. © 2014 Allegria Ullstein Buchverlage GmbH, Berlin

7   A.a.O., S. 22.

8   A.a.O., S. 17.

9   Siehe auch: https://youtu.be/dN30UbLc81c
(letzter Zugriff am 24.5.19)

Steffen Kern (Hrsg.), Ute Mayer (Hrsg.)

Mein Stück Himmel für heute

In 366 Andachten durch die Bibel

Die Bibel zu lesen, ist wie eine Entdeckungsreise zu den größten Schätzen dieser Welt. Bekannte Autoren wie Ralf Albrecht, Maike Sachs, Landesbischof Gerhard Maier, Cornelia Mack, Rolf Hille oder Franziska Stocker-Schwarz begeben sich auf Schatzsuche und legen zentrale Passagen der Bibel alltagsnah aus. Sie lassen an ihren Erfahrungen mit den Texten teilhaben und laden dazu ein, ganz neu und tiefer in sie einzusteigen – und dabei jeden Tag ein Stück Himmel zu entdecken.

Gebunden, 14 x 21,5 cm, 416 S.
ISBN 978-3-7751-5996-8
Auch als E-Book

SCM
Hänssler

Nicola Vollkommer

Vom Wunsch, dazuzugehören
Das Ende der Einsamkeit und wie Gott sich das mit Gemeinschaft gedacht hat

Gott flüstert in die Einsamkeit! Erfolgsautorin Nicola Vollkommer erzählt die große Geschichte: Seit Eden, der verlorenen Idylle, ist es normal, dass wir uns entwurzelt fühlen. Doch wir sind angenommen, aufgehoben! Weil Gottes Flüstern auch in der Dunkelheit zu hören ist, sind wir niemals allein. Er lädt uns in seine „warme Stube" ein und lebt uns vor, wie wir mit Ablehnung, Verletzungen, Missachtung umgehen und echte Freundschaften leben können.

Gebunden, 14 x 21,5 cm, 256 S.
ISBN 978-3-417-26867-6
Auch als E-Book

SCM
R.Brockhaus